山の怪奇 百物語

〈新装版〉

山村民俗の会 編

河出書房新社

山の怪奇　百物語

〈新装版〉

◉

目次

装幀——ステラ装幀室

山の怪奇　百物語

〈新装版〉

榛名山加護丸稲荷の霊異

小林増巳

私は、長野県諏訪郡富士見町の南部に位置する八十戸ほどの小集落に住んでいます。烏帽子は明治の地方自治法で落合村に合併するまでは独立した村で、その歴史は明暦元年諏訪郡高島藩内に烏帽子新田として誕生しました。村の上に烏帽子の形をした安山岩の大石があり、この石がこの村の名立石です。いま富士見町の史跡文化財に指定されています。そして村の鎮守様（産土神社）は稲荷社です。

私は昭和十五年中国の内蒙古地区（黄河上流）に駐屯する近衛師団管下の部隊に入隊し、約四ヵ年そこにおりました。終戦後、名簿もないまま戦友を尋ねる機会を失なっておりましたが、ある日、数少ない戦地での写真を貼り替えているとき、群馬県出身の平方英太郎氏の写真の裏に住所が記されてあるのに気づき、懐かしさに堪えられず、早速手紙を書きました。返事は直ぐにきました。無事でいた、懐かしい彼の筆跡でした。そして音信が始まりました。

そのうち農村の家庭にも電話が入るようになったある日、平方氏から電話がありました。

「俺はいま郷土史の調査員をしているだが、君んとこは烏帽子と言ったな、こっちの榛名山一帯は字名を烏帽子というんだ。それはな、有名なあの榛名富士に向き合ってな、昔、さむれえが兜の下へかぶった烏帽子のような形をした山があるんだ。そこからきたらしいよ。それでな、その烏帽子岳の九合目あたりにな、大きい岩穴があってさ、そん中にお稲荷さんが祀ってあるさ、一度見にこんかい、榛名湖もきれいだよ」

これは全く意外な話があるものだ、と思いました。当時、私は自分の村の生い立ちについて調査している最中でしたから、もしやこの村の草分（開創者）の誰かが群馬から移住したのではあるまいか。こうして私が榛名山の烏帽子岳を訪ねることになったのは、たしか昭和五十二年の夏でした。この時、私が泊まった山荘での不思議な体験が、私の精神面にプラスアルファの変化を起こし、やがて私は自家の守護神として、烏帽子岳に鎮座する加護丸稲荷大明神を迎え祀ることになるのです。

世の中にはまだまだ科学知識で理論的に説明し難い諸現象がありますが、そうした体験上の一例について、いささかここに述べてみたいと思います。

榛名山麓での霊異体験

昭和五十二年八月のこと、他用で熊谷市内で一泊した私は、群馬県北群馬郡小野上村に住む戦友、平方英太郎氏に逢うため高崎駅に降りたちました。習志野の原隊東部第九部隊の営門で別れて三十四年ぶりの再会、「わかるかな」と、少々心配もしながら駅前にたたずみ乗降客の動きをみつめていますと、頭の少し禿げ上った初老の男性が、片手にハンチングを持って真っ直ぐ歩いてきます。そして五、六歩手前で立ち止り、私の方をみつめたままちょっと頭を下げた、その顔その姿、互いに年老いたが、まぎれもない懐しの戦友平方氏でした。「ヨオーッ、しばらく」と、互いに駆け寄り、手を握り合いました。逢ってみればまた感慨があらたまり、健在の再会を喜び合いました。

初めてみる榛名湖に着いたのは午後四時半頃で、夏の太陽はまだ湖畔の背の山にあるはずというのに、標高一一〇〇メートルの湖畔一帯は、深い霧が立ちこめ小雨の中でした。もちろん絵で見た秀麗な榛名富士も、そして期待の烏帽子岳もみることはできません。致し方なく明日に期待を繋ぎ、民宿「かもん荘」に泊まることになりました。

二人とも積る話に時間を忘れ、彼は小野上の自宅へ帰り、私が床に入ったのは夜半過ぎでした。雨はまだ降り続いているようでした。明日は晴れて欲しいな、などと考えながら、私はいつか深い眠りに落ちこんでゆきました。

やがて小用をもよおし目覚めたとき、腕時計は午前四時少し前でした。私の泊まった部屋は建物の西はずれ山手に面した八畳間で、一人寝には少し広い感じでした。便所は直ぐの廊下際にあり、用を済ませて部屋に戻り、西方の窓を少し開けて外の様子をみますと、霧とうす暗やみで目はききませんが、まだ小雨が降っているようでした。再び床に入ったのですが、なかなか眠れません。今日の予定を考えたり、烏帽子岳のお稲荷さんはどんな岩窟に祀ってあるだろうなど、思いめぐらせました。それから小一時間も経ったでしょうか、私はいつしか夢の世界に入っていったようです。

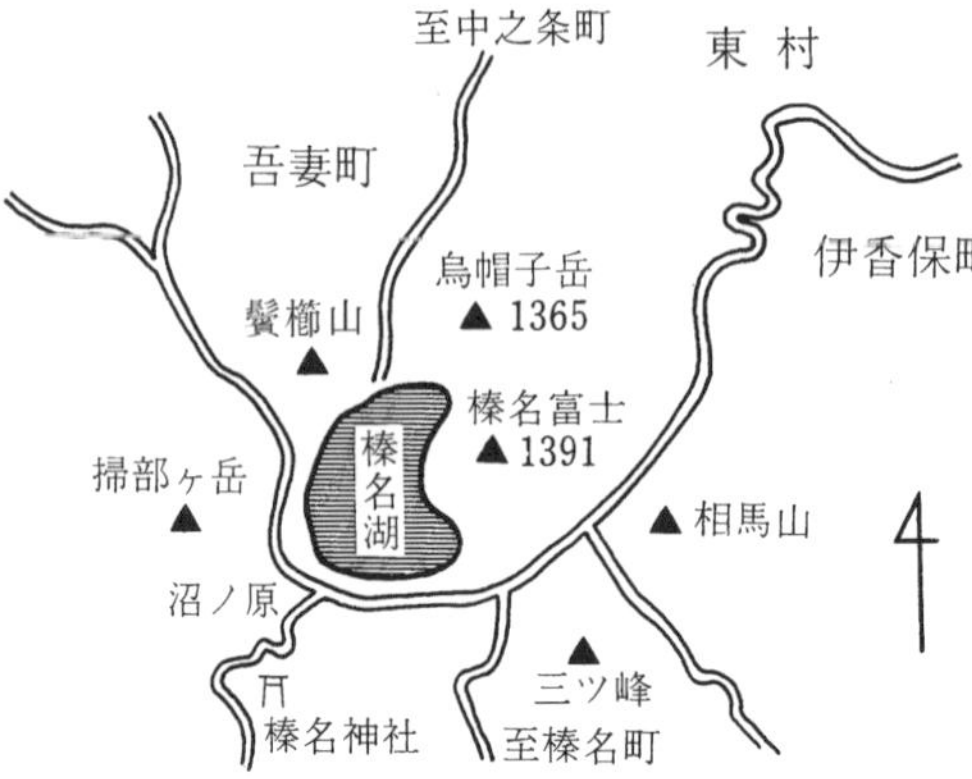

そのお宮はとても立派で、鳥居がぎっしり建っていました。そしてすべてが真っ赤に塗ってありました。その中で黒い土の庭だけがとても印象的でしたが、何故かお狐さんの姿がみえません。私は夢中で社殿の扉を開けようと、何かしきりと両手を延ばそうともがいた覚えが残っています。しかし私の手はどうしても扉に届きません。その時、誰か私の肩に手をかけて、二、三度ゆさぶったような気がして、私は目が覚めました。

おかしな夢をみたものだ。夜明けが近いせいか天井板がかすかに分かります。すると、突然私の左肩のあたりに何かが乗っかったのです。私は驚いてはね起き、直ぐ電燈をつけました。もちろん部屋には私以外誰もおりません。しかし今の出来事は決して夢やうつつではありません。私は心に感ずるものがあり、窓の鍵を外し一気に開け放しました。と、これはどうでしょう、昼間平方氏から聞いていた烏帽子岳の方向に霧の切れ間ができ、夜明けの空に頂上がはっきり見えるのです。そうです、八合目位からみえる烏帽子岳は、私の村の名立石、烏帽子石に瓜二つなのです。そう思い感嘆する間もあらず、早い霧の流れは烏　帽子岳を消し去ってしまいました。後々思い出せばそれは一瞬の出来事でありましたが、お稲荷さんが私にお山をみせた、という私の思いは、終生忘れ得ぬ加護丸稲荷大明神への畏敬となりました。

この体験は自分の胸に秘め、決して他人に話すまい、私はそう心にきめ、もちろん宿の家人に黙って朝食を済ませました。相変わらず霧の動きは激しいが雨は止んでいました。茶をすすりながら聞かれるままに、ここを訪ねた目的を話すと、宿の主人は親切にも参道の鳥居下まで車で送ってくれました。

何百年前からか、参道の両側には朽ちはてた古い鳥居が何十となく倒れ、半ば土中に埋もれています。しばらく登ると、榛名町からの南の参道と出合う所に第二の鳥居場があり、そこのいまだ小新しい鳥居に「加護丸稲荷大明神、奉長岡講中」と書かれていました。今朝宿の主人の話で、新潟県長岡市内にも古くから多くの信者がいると言っていたのを思い出しました。この鳥居の先に深い笹の参道を挟んで古い立派な石造のお狐さんが尊踞しています。その辺の笹の中にも古い鳥居が倒れこんでいます。雨に濡れた熊笹の露でズボンはびっしょり、私はここで頂上に向かって柏手を打ち、再訪を誓って山を下りました。

烏帽子岳と寄進の鳥居

私が十時半のバスで榛名湖畔を発つ頃、烏帽子岳の方に霧が片より、端麗な榛名富士がその全容を現わし、湖の澄んだ水面に姿をうつしておりました。観光馬車も湖畔に挽きだされ、売店に人の出入りがはじまっています。こうした、景色に心ひかれながら車中の人となりました。幸い同乗の客に話好きの土地の人がおり、古いことはよく知らない、と前置きしながら、以下のような話をしてくれました。烏帽子岳の稲荷さんには養蚕家の信者が一番多いこと。陶製のお狐さんを一体ずつ借りてゆき、一蚕済めば二体にしてお返しすること。群馬県一円どこの村々にも稲荷社があって、いまでも稲荷信仰が大変盛んであること。子供の頃は、正月、村中の人が稲荷社の側の籠屋《こもりや》に集まり、何日も稲荷様にその年の蚕や穀物の豊作を祈願したこと。さらに、「それから加護丸様にはこんな話も聞きましたよ」とつけ加えました。昔、源義経公が平泉に落ちのびる時の加護をしたのが加護丸稲荷様で、義経公が亡ぼされるや、逃れて来た家来の一人が、ここ烏帽子岳にある洞窟に加護丸様を祀ったのだ、というのでした。

娘の遭難

さてその後、確かな古文書などから烏帽子新田の成立ちや草分の出自などが、ほぼ明らかとなりましたので榛名への再訪を心にかけながら、その機会がなかなかありませんでした。それから七、八ヵ月経った昭和五十三年四月のある日、登山好きの二女智子が二十一日から二十六日までの予定で、八ヶ岳連峰縦走登山をすると電話で知らせてきました。私は、「今年の残雪は例年になく深いようだから、雪崩れに十分注意しなさい」と言ってやりましたが、まさか単独登山だとは思いもしませんでした。ところが下山予定の二十六日になっても、帰ったという電話がありません。そして二十七日も同じ。その間に夏沢峠方面で団体登山者の女性一人が、滑落死したとのニュースがありました。

その晩長女と二男を呼び、長男ともども対策の相談をした際、智子は単独で登ったことを知りました。そして二十八日、五月の連休登山をひかえて麦草峠の国道が除雪され通行できる、との情報を得ましたので、親しい友人の車で、麦草峠の登山小屋を訪ねました。

小屋番の人の話によりますと、智子は二十四日この小屋に泊まり、二十五日早朝に発って赤岳に向かったはずで、ここに来るといつも可愛がっていた小屋の番犬が彼女の後について行ったが、犬は正午頃小屋に帰った、というのです。下山予定は二十六日である。二十五日はどこへ泊まったのか、そして今日は二十八日、これは一応遭難と考えるべきである。家内の里からも義弟が来てくれる。翌二十九日、諏訪警察署に捜索方をお願いし、直ちに地元の山岳会が捜索隊を編成してくれました。

四月三十日、赤岳鉱泉に本部が置かれ、南の登山口からも一隊が、西岳、ギボシ、権現岳を目ざしました。この日はあいにく曇り空。自宅には近親者や友人達が心配して集まり、応援隊をつくる相談をして下さいました。現地では、山岳会や警察の捜索隊の方々が深い残雪を踏んで捜しまわりました。しかし、悪戦苦闘の捜索も空しく、この日、娘の消息はわからなかったのです。

急を聞いて駆けつけてくれた智子の先夫のY君が、二男とともに赤岳鉱泉に詰めていましたから、詳しい情報は得られましたが、私は絶望を感じ妻に言いました。

「昔から、山に魅せられ山に登る者はいずれ山で果てる、智子は死んでいるに違いない、夏がくれば私が猟仲間を頼んで、勝手知った八ヶ岳、谷間を捜してきっと骨をみつけ出す、いまは決して涙をみせるな」

そういって、私は半ば自分にも言い聴かせたつもりでした。長男は捜索隊本部へ、ヘリコプターを要請いたしました。

その夜はとても眠れません。小用のふうをよそおい、屋外に出た私は何とはなく加護丸稲荷様が鎮座する東の方に向かい合掌しました。そして心の中で、どうか娘を救って下さいと願い、「もし生きて帰ることができれば、この村の烏帽子稲荷社の鳥居と同じ大きさのお鳥居を寄進いたします」と祈りました。

加護丸稲荷の霊験

寝もやらぬ長い夜が明けて五月一日の朝がきました。幸い天気は良好のようです。昨日の捜索は予想以上の難行で隊員の一部に交代がありましたから、今日は午前八時に到着予定のヘリコプターが空から捜索し、その無線連絡の結果待ちで、午後から現地の捜索隊が動くはずとの連絡が入りました。

ところが東京のヘリポートから、エンジン整備の手違いで現地到着が三十分遅れる、と追っての連絡がきました。ちょうどその直後、編笠山の無線連絡を委託されている高根町の床屋さんから小淵沢町役場に入った電話で、キレット小屋に小林という女性が怪我をしてねている、と知らせてきたという。家に居合わせた者全員、「ワァーッ」と声を上げて抱き合いました。妻は小さく嗚咽《おえつ》していました。むろん私は、榛名のお稲荷さんにしっかりと感謝をこめて手を合わせました。

その日の夕方、薄闇の迫る頃、捜索隊員に助けられた娘は怪我を負いながらも生還することができました。

二十五日朝、麦草小屋を出発した娘はその夜赤岳の石室に泊まり、翌二十六日午前十一時過ぎ頃、赤岳からキレット小屋に下る途中で、アイゼンが雪解けの岩間にはまり込み、その拍子に体がのめって転倒、一気に大門沢に落ち込むガレ場へ滑落したらしいのです。夏時分、崖っぷちから根こぎになってガレ場の崩壊に倒れこんでいたシラベの大木の枝間にリュックが挟まれ、ピッケルや木の枝で足や頭部に若干の怪我を負ったが、しばらくして失心から覚め、出血しながら夢中でピッケルを使い、ようやく這松帯に入り、そこでビバークしたというのです。そして次の朝キレット小屋にたどり着き、できるだけの傷の手当てを済ませ、そのまま寝こんで二十七、二十八、二十九、三十日とたち、こうして五月一日早朝食糧を無くして下りてきた大阪の登山家が、偶然キレット小屋に立寄ったため、運よく助けだされたという次第でした。大門川の奥壁で滑落して助かったためしはないというのに、娘智子の生還は、実に奇跡という外はありませんでした。

それから私は、願かけした烏帽子岳のお稲荷さんの鳥居の製作にかかりました。用材は自宅の林で檜材を伐り乾燥し、細工に五日かかり、笠木三・六メートル、貫三メートル、柱二・一メートルの寸法で仕上りました。

加護丸稲荷神社のある岩窟

こうして五月三十日、自動車業を営む猟友平出藤春氏の大型トラックに積みこんで榛名に向かいました。この間、私は神社庁や榛名神社に伺い、そして土地を管理する中之条営林署の許可を得るなど手続きを重ねて、ここに鳥居建立の運びとなりました。

現場には戦友平方英太郎氏と、その甥に当たる大工さんとが待っていました。こうして平出氏に私、伜達二人の計六人での建立は小雨の中で行なわれましたが、わずか二時間ほどで無事完了しました。終わった頃には雨も上り、私達は初めてお山へ登りました。

建物はありませんが実に偉容な岩窟で、その中に石造の神殿が祀られています。岩窟の元に赤く塗られた鉄製の鳥居があり、大願成就の幟も立っています。陶製のお稲荷さんが岩窟の中はもちろん、周囲の至る所に何千体もあがっていました。山の西南斜面は樹齢およそ百年前後の広葉樹林、南東面は針葉樹林に囲まれています。頂上に登れば榛名湖を眼下に、霞たなびく赤城の連山を遠望する眺めはまた雄大の限りでありました。

その後私は、神社庁の管轄外で神主もいない〝自由信仰〟の山に祀られるこのお稲荷さんを自宅に迎え、本山へも参詣を続けています。人間が追い詰められ、ぎりぎりの瀬戸際にたったとき、何ものかに向かって祈りを捧げない者はいないでしょう。

元来信仰に縁のなかった私の体験から生まれた山の霊異の話はこれで終わります。

上州奥多野山地の妖怪

時枝　務

奥多野への誘い

中山道にはいくつもの脇往還があったが、そのひとつである十石《じっこく》街道は、ひときわ険しい街道であった。それは、新町宿から分かれて藤岡を通り、鬼石《おにし》にぬけ、さらに山中《さんちゅう》領とよばれた奥多野を登りつめ、難所で知られた十石峠をこえて、信州の佐久へ出る道である。その沿道に広がる山中領は、近世には大部分が幕府の直轄領で、いくつもの〝御巣鷹山〟が設けられ、鷹のひなをとっては将軍に献上していた。昭和六十年に日航機が墜落した御巣鷹山はそのひとつである。

奥多野ということばが使われるようになったのはそう古いことではない。ふつう、群馬県多野郡上野村・中里村・万場町の総称として使われているが、だいたい多野郡になったのは明治二十九年のことで、それまでは南甘楽《かんら》郡に属しており、山中とか山中谷などとよばれていた。秩父の方では、今でも「山中」とか「山中衆」ということばを使う人がいる。山中鍬という山地専用の鍬や、山中紙というごわごわした和紙もある。山の中だから山中とよんだのにちがいないが、まさに山の中、四方八方山に囲まれた土地である。

奥多野では、お前のうちの空は半分だが、おれのうちの空はもっとでかいというように、子どもたちが空の大きさを比べあうことがある。谷の中から上を見ると、山が邪魔して空がなんとなく小さく見える。だいたい、神流《かんな》川筋の本村の方が空が大きく、支流の枝郷の方が空が小さいのがふつうである。本村と枝郷というのは、江戸時代に行政上の都合で組み合わされて作られたものらしいが、総じて本村の方が開発が古く、家数が多いといってよいようだ。

ところで、奥多野ではかつて米がとれなかった。米は十石峠をこえて信州からもたらされたのである。白井《しろい》には関所があり、市神が今もまつられている。そこで定期市が開かれ、佐久米も売られた。白い米の飯を食うことは、かつてはほとんどなく、麦七に米三の割合で食えれば上等だった。白い米の飯を食っていたのは、旅稼ぎの木地屋たちであったという。ここでは白い米を主食とするのが異常だったのである。

奥多野はどこへ行っても周囲を山に囲まれている。谷沿いの平地や山腹の斜面に集落と耕地が散在するだけで、残りはほとんど山林である。猪や鹿などの野生動物も多く棲息している。渓流にはヤマメやイワナがいて、浜平の鉱泉宿などは渓流釣りの客でにぎわっている。

奥多野の自然はこのように豊かであったが、その原生林の奥には、昔から妖怪がひっそりと棲んでいた。(ここにとりあげた伝承は、一九八四、八五両年にわたる奥多野歴史民俗調査団に参加して得たものと、群馬県教育委員会編『上野村の民俗』〔一九七三年〕による)

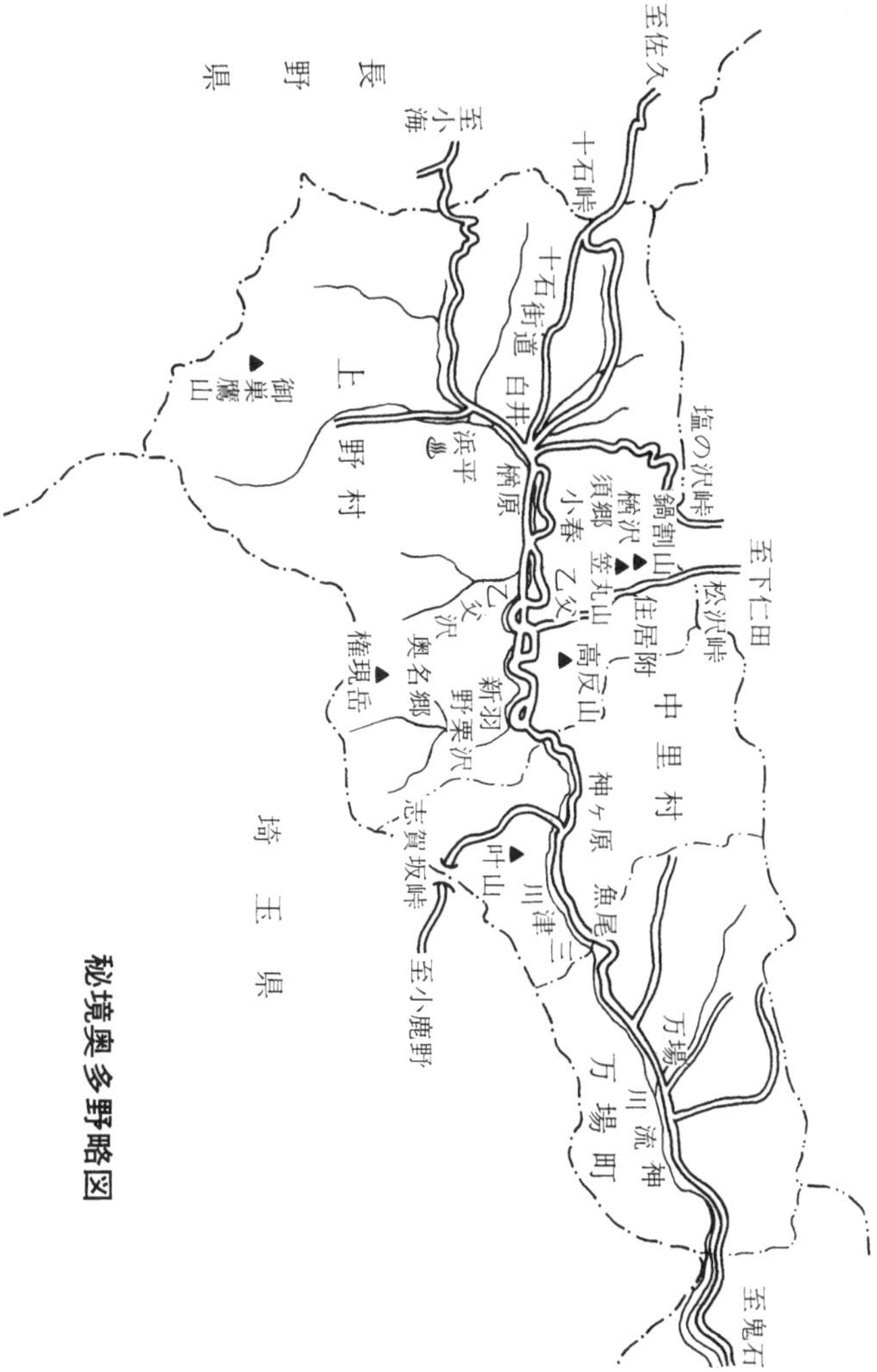
至佐久
十石峠
至小海
長野県
十石街道
白井
上野村
御巣鷹山
浜平
楢原
塩の沢峠
鍋割山
楢沢
須郷
小春
笠丸山
乙父
乙父沢
至下仁田
松沢峠
住居附
高反山
中里村
奥名郷
権現岳
新羽
野栗沢
神ヶ原
志賀坂峠
叶山
川津三
魚尾
万場
神流川
万場町
埼玉県
至小鹿野
至鬼石

秘境奥多野略図

天狗の怪異

住居附《すもうづく》の山中には天狗の杉がある。天狗がその木の枝に腰かけて憩うところから、その名がついたという。ある時、その木を伐ろうとした者があったが、幹に傷をつけたとたん、気がふれてしまった。楢原では「沢の窓木、峰の三本木」といって、窓木と三本木は伐ってはいけないと伝える。窓木というのは幹のまん中にぽっかりと穴があいたようになった木のことで、やはり天狗のものと考えられている。三本木というのは根本から三本に分かれて生えている木で、これも山の神や天狗のものとされている。山には伐ってはいけない木がいくつもあるが、そういう木はふつうの木とどこかちがっていて、外見でこれは伐ってはいけないということがわかるという。住居附では、天狗の杉のほかにも伐ってはいけない木があって、モリキとよんでいる。モリキは山の神の木で、伐ろうとしただけでも祟るし、その木を売買してはならないといわれる。昔、モリキを伐った者が、その木を下ろす途中につぶされて死んだ。だから、「モリキの木の葉一枚でもけつにたけておくな」といって、モリキを粗末にすることをいましめたものである。

楢原の中正寺の裏山では夜中に太鼓の音が聞こえることがある。小春の猟師が聞いた時には、はじめは軽くたたき、やがて「ピイトロ、ピイトロ」と笛の音が混じり、最後に耳をつんざく大きな音になったという。十一月頃のしんみりと冷えきった夜、初雪がきらりと舞うような日には、法螺貝の音が遠くから聞こえてくることがある。そんな時、「ああ天狗のお籠りか」といったものだが、この頃はあまり聞かなくなった。最近になって、そこに御巣鷹の尾根に墜落した日航機

浜平のムラ

の死者をまつる供養塔が建ったため、もう昔日のおもかげはなくなってしまった。

浜平では、秋になると天狗のお能がよくある。大きな太鼓の音に、「ピイトロ、ピイトロ」と笛の音が調和して、にぎやかな囃子がどこからともなく聞こえてくる。とりわけ山仕事をする者はよく聞くことがある。音のする方へ歩いていくと、だんだん音が遠のいていって、いくら行っても天狗の姿は見えない。なんとも気持ちの悪いものだという。

楢原から南牧へぬける塩の沢峠にも天狗がよく出る。昔、峠をこえる途中、急に大風が吹いてきて、木が倒れる音が山中に響きわたり、危険で歩けないので道に伏せた者がいた。しばらくじっとしていたが、突然誰かが背中をふむではないか。一瞬驚いたが、よく見れば知己の者で、後からきて追いこすところだった。「おい、どうした」と声をかけられた時には、つい先ほどまでしていた音は何もなかったようにおさまり、二人は無事に山を下ったという。この現象は天狗の仕業《しわざ》であるといわれるが、誰も天狗の姿を見た者はなく、いつも音だけがするという。

楢原では、山仕事に出た男が夜になっても帰ってこないので、翌日に村の者が山に探しに入った。なかなか見つからなかったが、ついに崖の下の岩の上にぽつんと坐っている姿を発見し、「どうして、こんなとこに来たんだい」と聞いてもまったく覚えていなかったという。これは天狗に連れ去られたのにちがいないというので噂になった。天狗は時としてとんでもないいたずらをするのである。

乙父のキヨジは強者の猟師だった。ある時、山に泊まって用をたしていると、向かいの山から「キヨジのマラはでっけえな」と大声でいうのが聞こえてきた。すかさず、キヨジが「うぬが口ほうばるか」といい返すと、木の枝がふってきた。そこで、諏訪の神文《かんもん》を唱えて鉄砲を打ったら、山が動くほどの大声で笑ったという。これは山の神のしわざだろうか、それとも天狗の怪異であろうか。

山姥と山男

鍋割山の官林には山姥が棲んでいる。昔、楢沢の隠居が、鍋割山の岩穴で、木の葉の着物に身を包んだ山姥に出会った。「なぜ、こんなとこに来たんだ。二度と来るんじゃねえ。これをやるから、人に見せちゃならねえ。見せなけりゃ、一生困らせねえ」といって、蜂の巣みたいなかたちの盃をくれた。隠居は盃を大事にしまっておいたが、三年目になにげなしに人に見せたところ、大嵐が突然襲い、隠居家が全壊してしまった。隠居のじいさまは座敷に坐ったまま、ばあさまは台所で、材木の下敷きになって潰されて死んだ。今、その隠居家の跡に二十三夜塔が建っているという。

新羽《にっぱ》の東の蛇木の滝には山姥の足跡が残っている。大きな岩の上にくぼみがあって、そこに水がたまっているが、その水は日照りにもけっして絶えることがないという。その水を汲み出すと雨になる。

神《か》ヶ原《はら》には山姥の足洗い淵がある。昔、叶《かのう》山に山姥が住んでいて、三津《そうづ》川《がわ》の権現様の秋まつりの日である九月二十七日になると、かならず山から下りてきた。その時、山姥が足を洗ったのが足洗い淵である。淵とは名ばかりで、神流川の河原にある大石の中央のくぼみに水がたまっているに過ぎないので、石たらいという人もある。眼病の人はこの水で目を洗えば治るという。また、日照りの時には、この水を汲み出せば雨が降るというので、片瀬や宮地の男衆が水を汲み出したものだった。ところで、その山姥は酒が大好きで、ヤマサンドックリ（山の下に三と書いてあるトックリ）をもって、「酒くれ」といってもらっていった。そのトックリには酒があまりにも多く入るので、ある時、まつりを一日早く済ませ、山姥に酒をやらないようにした。いつもどおり山姥がきて「酒くれ」というので、「おまつりはきのう済んじゃったよ」というと、山姥は残念そうに、「このムラは貧乏する」といって帰った。それ以来、山姥はこなくなったが、代わりに村の作物はろくなものができなくなってしまったという。

　鍋割山には山男も棲んでいる。住居附の人が山男に出会ったとき、盃をもらったが、人にはけっして見せるなといわれた。ずっとたってから人に見せたら、熊蜂の巣に似ていたというが、それで祟りがあったかどうかはわからない。山男は笠丸山にもいる。この山の中腹には洞窟があって、中からガヤガヤと話し声が聞こえてくる。のぞいてみると、山男がひとりいるだけで、誰も話しなどしていなかったそうだ。

大入道その他

奥多野には大入道も棲んでいる。乙父沢の猟師が親子で猟に出て、鍋割山の岩穴に一泊したとき、大入道に出会った。大入道は、ツルツル頭に大きな目がひとつの姿なので、ひとつまなこともよぶ。

浜平の杣は、子どもの頃、浜平の奥の北沢から下ってきたところで、大入道にばったりと出会った。あたりがうす暗くなった時刻だったという。「ギャア、ギャア」という音とともに、黒衣をまとった大入道が出現したが、その胸には毛が一面に生えていて、

ムラ境の道切り

片手でその毛をなで上げていたという。

奥名郷では、子どもが夜泣くと、「ヤマンボ」が来るといって泣く子をいましめる。ヤマンボは大男で、悪い子を高い岩の上へ連れていって、谷底に放り投げるという。実際、権現岳の岩棚の上に子どもが連れ去られ、置き去りにされたことがあった。その時は、幸い見つかったので、縄でずり上げて助けた。

奥名郷には「タカンボー」もいる。タカンボーはきつねの甲羅を経たやつで、昔、和尚の法力によって高反山の中腹にある岩穴に閉じこめられたが、昭和十三年頃に五百年の期限があけて再び出てきた。化かされて魚をとられた者がいる。

奥名郷の男が、野栗沢で一杯やっての帰り道に、赤い着物を着た娘がひとりで夜道を歩いているのに出会った。あまりに後姿がかわいいので、なんとか追いつこうとしたが、いくら走っても追いつけず、しまいにふいと消えてしまった。ムジナに化かされたのだろうという。

山と妖怪

奥多野の妖怪はほとんど山にいる。天狗も山姥も、みな山を棲み家としていて、時折そこへ侵入してくる者に姿を見せるのである。浜平の上流の山は、かつて身の丈八尺もある老夫婦がいたと伝えられているが、山の奥深くには、この世とは異なった世界があると考えられていたらしい。魚尾《よのお》の山中には古い猫が集まって猫踊りをしたところがあって、そこを舞台とよんでいるが、そういう不思議が山のなかには少なくなかったのである。山へ一歩踏みこめば、どんな怪異に遭遇するやもしれないという不安は、山村に生きる者の共通の認識であった。それだけに、山で妖怪に出会ったという話は、それが具体的であればあるほど、すんなりとうけいれられたのである。

山は、人の心をふだんとはちがった状態にすることがある。奥名郷の木挽きの妻が、幼な子を連れて川へ米をとぎに出たまま行方知らずになり、そのまま一六日間見つからなかった。その間、すぐそばまで知人が探しに来たが、耳もとで黙っていろという者があったので、六回も応答しなかったという。耳もとでささやいたのは山の神だというが、それにしても一六日間もじっとしていたというのは、やはり尋常ではない。彼女は一六日間も山のなかにいて、幻聴を体験したのである。天狗の怪異の場合、太鼓や笛の音が聞こえるわけで、これも幻聴である。しかも、ひとりだけではなく、居合わせた者がみな同時に聞くことが多いというのであるから、なんとも不思議な話である。

妖怪は人を驚かすのみでなく、山人《やまびと》に時として幸福をもたらす。しかし、それが裏返しになると恐ろしい災いを与えることになる。鍋割山の山姥は、一生困らせないといって盃をくれるが、それを人に見せてはならないという。ところが、盃をもらったじいさまは、山姥のことばを忘れて、つい人に見せてしまう。すると、大嵐で家を倒され、じいさまもばあさまも死んでしまう。もし、盃を人に見せなければ、おそらく幸福な一生が約束されたにちがいない。妖怪の力は、山村の人たちにとって幸・不幸のいずれの要因ともなりうるものだったのである。

奥多野の妖怪は、その自然と切り離すことのできない存在であり、そこに暮らす人々の想像力のなかに生きているものなのである。奥多野の自然と民俗が生きづいている限り、彼ら妖怪たちも、きっと生き続けていくにちがいない。

奥那須安倍ヶ城の怪

末広 昌雄

この物語の舞台となる奥那須男鹿岳《おがの》へは、現在は比較的交通の便がよくなって、鬼怒川温泉や五十里《いかり》湖あるいは塩原温泉側から、普通の人でも装備なしでも行けるようになったが、かつては、その麓まで行くのに丸二日半を要した。昭和三十年代に読売新聞社で企画実施した日本山脈縦走隊がここを通過した時にも、日本の秘境中の秘境であると絶讃している。

奥那須の中心とでもいうべき男鹿岳は、標高わずか一七七〇メートルとはいえ、驚くほど深い山である。この麓の栗生沢の部落は、秋田マタギの移り住んだ所といわれ、今でも昔ながらの狩りが行なわれている所でもある。しかし、狩人達がこの男鹿岳に入るのも、春の雪解けの頃だけであった。無雪期は千古斧を入れたことがないほどの深い原生林におおわれ、麓の狩人さえもが、山中で迷ってしまうという。今でも年に何組かの登山者をみるに過ぎない、静かな山なのである。

この男鹿岳山頂近くの「平」とよばれる所には、かつて安倍貞任が立てこもったと語り伝える「安倍ヶ城」の館址が、今も山中深くのどこかに残されているといわれる。そこにはまた、さまざまな伝説があった――貞任が金鶏を埋め、それを発見した者は多くの富を得る。雨の降る時などは、この安倍ヶ城の門をしめる音が遠く麓の部落まで聞こえる。貞任の母が今もここに住んでいて、山を守っている、などなど。

さて、このオカガ山（昔は、男鹿岳をこうよんでいた）の麓の集落に平吉という手先の器用な若者が住んでいて、炭焼きや、狩の余暇にいろいろな細工物をしていた。彼には、早百合という山里には珍しいほどの美しい許嫁《いいなずけ》がいた。

平吉はまじめでよく働く上に、彼の作る細工物は村一番であった。ところが、その彼が魔がさしたのか、安倍ヶ城の話を聞き、そこにいる金の鶏を一目見たいと思った。その上、その魔所には不思議な金のお花畑があった。そこの主の気に入らぬ人間がみれば、石になってしまうという変わった花もあると聞いて、彼の願望は益々拍車がかけられた。こうして思いつめた平吉は、ある闇夜に、早百合にも黙って山中に姿を消してしまった。

それからというものは、何日たっても平吉が帰って来ないので、麓の人々は早百合のことを死人の花嫁だとよぶようになった。悲しみにあけくれる早百合は毎日山の麓をさまよい、平吉の行方を尋ね歩いた。遂にある日のこと、早百合は麓の者が誰も恐れて近づかないオカガ山へ分け入った。薄暗い森の中は、あたりの茂みから今にも熊でもとび出して来そうである。

「平吉さあーん」のよび声も、だんだんと涙にかすれて来た。しかし勇敢にも彼女は、どこまでも森の中深く進み、とある広い場所に出た。そこは不気味なほどの静寂さに満ちており、午後の日はすでに傾きつつあった。失望と疲労の極にあった早百合は、隅にあった岩に腰をかけると、思う存分に泣き始めた。

泣くだけ泣くと、彼女はいくらか気が楽になって、もう帰らなければと立ち上った。その瞬間に、「あっ！」と、叫んで岩にしがみついたのである。見ると、前方の谷の岩の所に館がぼんやりと見えるではないか。早百合はくらくらとめまいがした。たしかに先ほどまで霧の立ちこめた薄暗い谷間であったはずなのに、これは一体どうしたことであろうか。彼女は気をとり直すと、急いでそこへとんで行った。

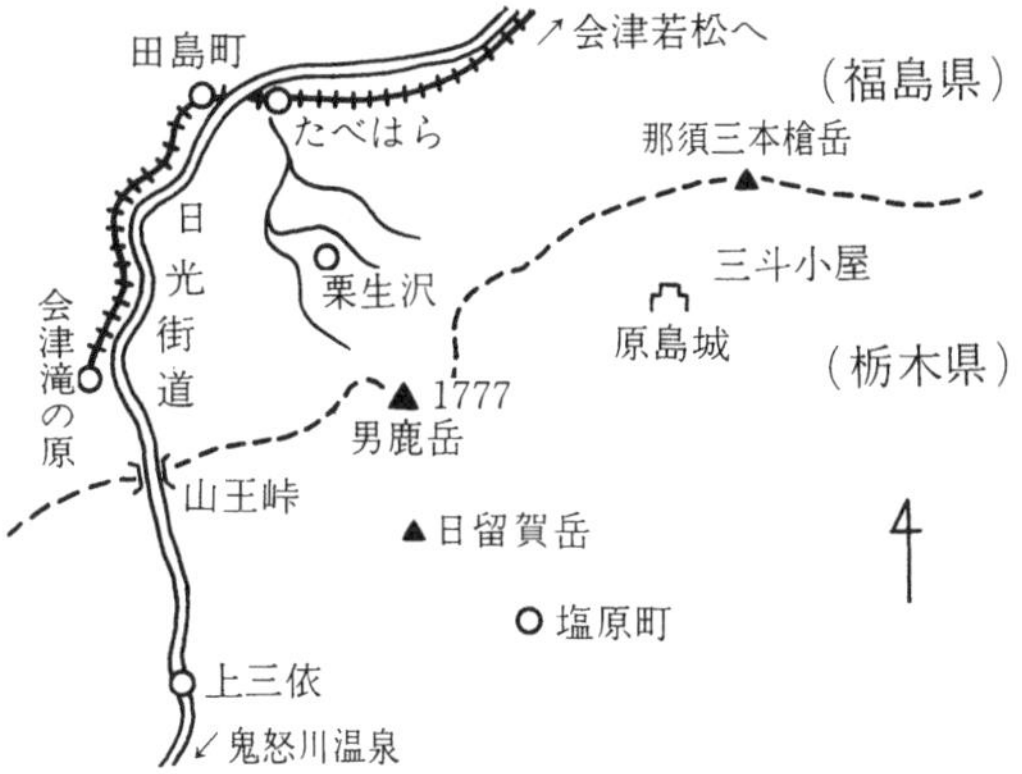

館の横のちょっとした空地には、これまた珍しい金色の草花が、沈もうとする夕日にきらきらと照り映えて、まばゆいばかりの美しさであった。館の中に入ると、そこは大石を立て並べて作った牢で、貞任の使ったといわれる石の鍋や碗、石包丁に石棒などがあった。これをみた早百合は、村でいい伝えられている安倍ヶ城はここに違いないと思い、「きっと城の門が開いたんだわ。ああ、平吉さん。姿を見せて下さい」と叫んだ。するとその時、牢の中に平吉によく似た後姿の人が、何かをしているのではないか。

「あっ、平吉さん。私よ！　早百合よ。今そこへ行くわ」

と、その瞬間、どこからともなく鶏の鳴く声がかすかに聞こえて来た。とたんに早百合は、目の前がまっ暗闇になった。気がつくと、早百合は夕闇が静かに音もなく忍びよりつつあるもとの岩の上に腰をかけていた。

「気のせいだったんだわ。さあ、もう帰らなければ」と、早百合はあきらめて、すごすごと歩き出した。すると、コツンと、つま先に当たるものがあった。みるときれいな石が地面からひょいと顔を出していた。早百合は、あまりにもきれいな石なので、それを拾って道を急いだ。そして山を下り、村はずれのわが家へ帰り、夕飯もそこそこに先ほどの石を手にとってみると、それはピカピカ光る金の塊に変わっていた。喜んだ早百合は、それを売って、一日千秋の想いで、平吉の帰りを待っていた。

一方、早百合がオカガ山から金を拾って来たというので、麓の人達は金探しに夢中になり、我先にと山へ入った。ある日のこと、一人の里の猟師が早百合の後をつけて行って、遂にあの広い場所に出た。そして前方の谷の霧の中から幻の館が浮かび出ているのが見えた。男は、あそこが目的の所だなと感じた。その時、「ドドーッ」という山崩れの音がしたかと思うと、すぐ眼の前を歩いていたはずの早百合の姿と、谷間の幻の館とが突然見えなくなってしまった。

それから狩人は日暮れまで、山中をあちこちと探しまわったあげく、へとへとに疲れきって村に帰って来た。すると、これは不思議、彼女の家の前で早百合が珍しい人形をもってにこにこと笑っているではないか。「早百合、お前、どこへ行ったんだい」と、薄気味わる気に彼は尋ねた。

「オカガ山よ。平吉さんに会いに行ったのよ」

「これはたまげた。相当なものだ」と、村人は無駄足をした腹いせに、あることないことを村中にふれ歩いた。館の主にひっぱられた者をそのままにしておいたら、麓の村にどんな災難が来るかわからないと村中がその噂でもちきりとなった。同じ村に住んでいる早百合の姉は、妹のことが心配で気が気でなく、ある晩のこと、

「ねえ、早百合。あなただって村の中の噂は聞いているでしょう。お願いだから、平吉さんのことはあきらめて、よそへお嫁に行っておくれ」と、いった。

「姉さん、やめてください。平吉さんは生きているのよ。私、この目ではっきり見たのよ。ええ、たしかに見ましたとも」と、早百合は涙ながらにいった。そして外へとび出すと、

「姉さん、私のことはほっといてください。私ここを出て行きます。村にいたら本当に気が狂いそうです」といって、走り去った。

姉は驚きあわてて、これは捨てておけないと、早百合の後を追いかけながら家々の戸を叩いていった。それでもかまわず、早百合はどんどん逃げた。「平吉さん、みんなが私をいじめるのよう」と、早百合は泣き泣き走りながら叫んだ。村人達はだんだん人数を増して、松明《たいまつ》をふりかざしながら追ってくる。

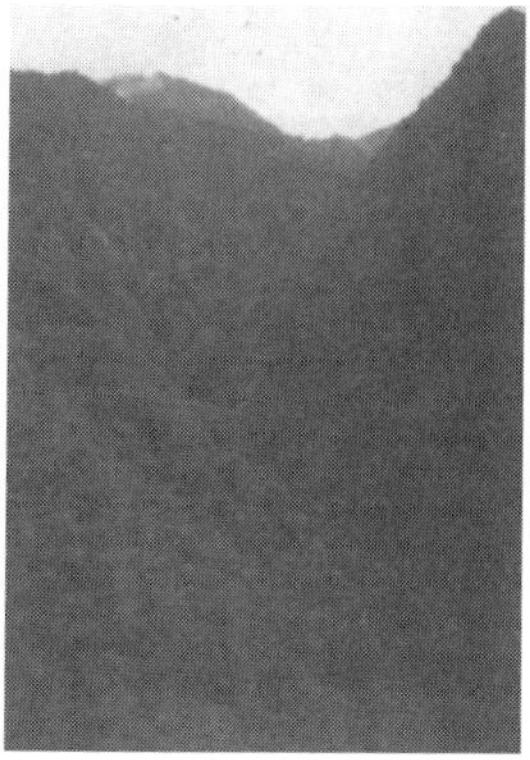
男鹿岳の陵線を望む

「平吉さん！　返事をしてえ」すると、不気味な山の木霊《こだま》が、「いないよう、いないよう」と、返ってくる。いつのまにか、早百合は、あの平らな場所に来ていたが、真夜中のこと、あたりはしんしんと不気味に静まりかえっていた。追手の声もここまではとどかない。とその時、「ドドーッ」という山崩れの音がしたかと思うと、あたりは急に昼間の

ような明るさになった。紅色に燃えたつ草花、風に小枝をゆるがせる金色の樹木。早百合はあっと息をのんだ。すぐ目の前に不思議な美女が立っていた。

「あなたは、この館の主なのでしょう。ねえ、そうでしょう。私の平吉さんを、どこへやったのですか」と、ひるまずに早百合は尋ねた。

すると、その女は初めて口を開き、「平吉さんを私が隠したと怨んでいるのですね。平吉さんに聞いてみましょう」。その女はそういって振り返り、手まねきをした。すると夢にも忘れたことのない恋しい平吉が、あの不思議な館からこちらに向かって歩いてくるのが見えるではないか。なつかしさのあまり、かけよろうとする早百合を押えて、その女はおごそかにいいわたした。

「平吉殿よ。お答えなさい。貴方はどちらを選びますか。ここに残っていつまでも不老不死で楽しく暮しますか。あるいは早百合と一緒に村に帰りますか。村に帰れば、ここで覚えたいろいろの技《わざ》を忘れなければなりません。それがこの山の掟なのです。さあ平吉殿よ、お答えなさい」

「申しわけのないことですが、私は早百合と一緒に村へ帰ります。ここへ来てからも、一日だって早百合のことを忘れたことはありませんでした」

山の女は、これを聞くと、さも悲しげにうなずいて、

「早百合よ、あなたの勝です。さあ二人して仲よくお帰りなさい。早百合の健気な心に免じて、ここで覚えた技も、忘れずにすむように取りはからってあげましょう。しかし、もう二度と私はあなたたちに会うことはありません。またいくら麓の人々がここを探しても、この霧隠れの館や、金の草花や、金の鶏を見つけ出すことは決してできないでしょう。しかし、鶏の鳴く声

がこの山中からあなたたちに聞こえる限り、私はこの館に住んでいます」。

二人は喜びのあまり抱き合って泣いた。

一方、この山の美女にも思いなしか、きらりと涙が光ったように見えた。そして、「さらば、二人ともいつまでも仲よく暮しなさい」という声がしたかと思うと、再び不気味な響とともにあたりはまたもとのまっ暗闇に変わってしまった。しかし、今度は早百合も一人ぼっちではなく、平吉と二人なので何も怖いことはない。嬉しい二人は深夜の山中を下り出した。すると、どこからともなくあの鶏の鳴く声が聞こえてくる。夜の山中を探しまわって明け方近くに村へ帰った人々は、早百合の家をひょいとみると、中には平吉と早百合の二人がいるので、びっくりして腰をぬかす者も出る騒ぎであった。平吉は早百合と顔を見合わせて、にっこりと笑い、おもむろにキセルに火をつけた。

「やや、キセルをふかしはじめたぞ。こりゃ、どうやら本物らしい」と、村の人々はほっとして、どやどやと家の中に入って来た。

「皆さん、おそろいでようこそ。さあさあ、餅が焼けていますよ」

こうして二人の幸福な毎日の明け暮れが始まった。山から帰った平吉の人形作りの腕前は、まったく人間わざと思えぬほどあざやかなもので、どこを探したってこんな立派なのはないというほど、見事な出来映えであった。これがコケシであるともいう。しかし時々、平吉は作りかけの木の前に坐って、ぼんやりと考えごとをしていることがよくみられた。山中で出会った霧の館のお花畑の美しさか。あるいはあの金の鶏の姿か。はたまたあの貞任の母ともいう不思議な美しい山の女を想いだそうとしているのであろうか。

それ以後、麓の狩人たちが、この安倍ヶ城という館と、金の鶏を探しまわったが、遂にそれらはわからずじまいである。この金の鶏を見た者は、平吉のように幸福になるといわれているが、平吉以外には見た者がない。しかし深夜この山中で迷ったときに、この不気味な鶏の鳴き声を今でも時おり耳にする者があるという話である。

奥秩父の妖怪ばなし

飯野頼治

仏石山の妖怪

秩父郡大滝村に、紅葉美で知られる中津峡谷があります。ここは、荒川支流、中津川の深く穿った険しい峡谷です。昭和の初め頃まで、峡谷沿いの細い一本道には、いくつもの丸太橋がかかっていました。

この中津峡谷の中心である中双里の集落より二キロメートルほど上流の右岸に、「仏石山《ぶっせきさん》」と呼ばれている石灰岩の岩山があります。その岩根は、間口、奥行とも一五メートルほどの大きな鍾乳洞となっています。

洞窟には鍾乳石や石柱、それに仏石山の名の起こりとなった石仏にとてもよく似た石筍《せきじゅん》などがあります。この洞窟の狭まった奥からは、きれいな湧水がこんこんと流れ出ており、その先を覗くと、まっ暗な狭い穴がどこまでも奥深く続いているように見えます。昔、この深い穴にニワトリを入れて放したら、そのニワトリが何日目かに、上流の中津川集落の方へ出て来て時を告げたとも言われています。

元禄時代の頃、日帆という修行僧が全国各地を巡った後、この中津峡谷にやって来ました。そして、仏石山の洞窟へとたどり着き、ここが長年さがし求めていた修行地だったことを悟りました。日帆は洞窟の前に石垣を築いて入口のあたりを平らにし、そこへ仏石山法勝寺という小さな寺を建て、住むようになりました。

仏石山山名由来の石筍

ところが仏石山には、恐ろしい妖怪が住んでいたのです。妖怪は、自分の領分に入って来た日帆に向かって、

「わしは、古くからこの山に住んでいる者だ。無断でここに立ち入ることは許さぬ」

と言って、日帆の修行を妨害し、危害を加えようとしました。ここに日帆と妖怪との激しい戦いが始まりました。戦いは何日も続きましたが、とうとう日帆は、法力で妖怪を説き伏せてしまいました。

その後、日帆は妖怪に身のまわりの雑用をさせ、江戸に用事がある時は、この妖怪を操って使いに行かせていたということです。

日帆の死後も、祐山という僧や木食《もくじき》の道心者などが、この仏石山の寺に来て住みましたが、いずれの僧達も法力が及ばず、妖怪のために日夜脅かされ、

「こんな怖い所で修行をするのは、もうこりごりだ」

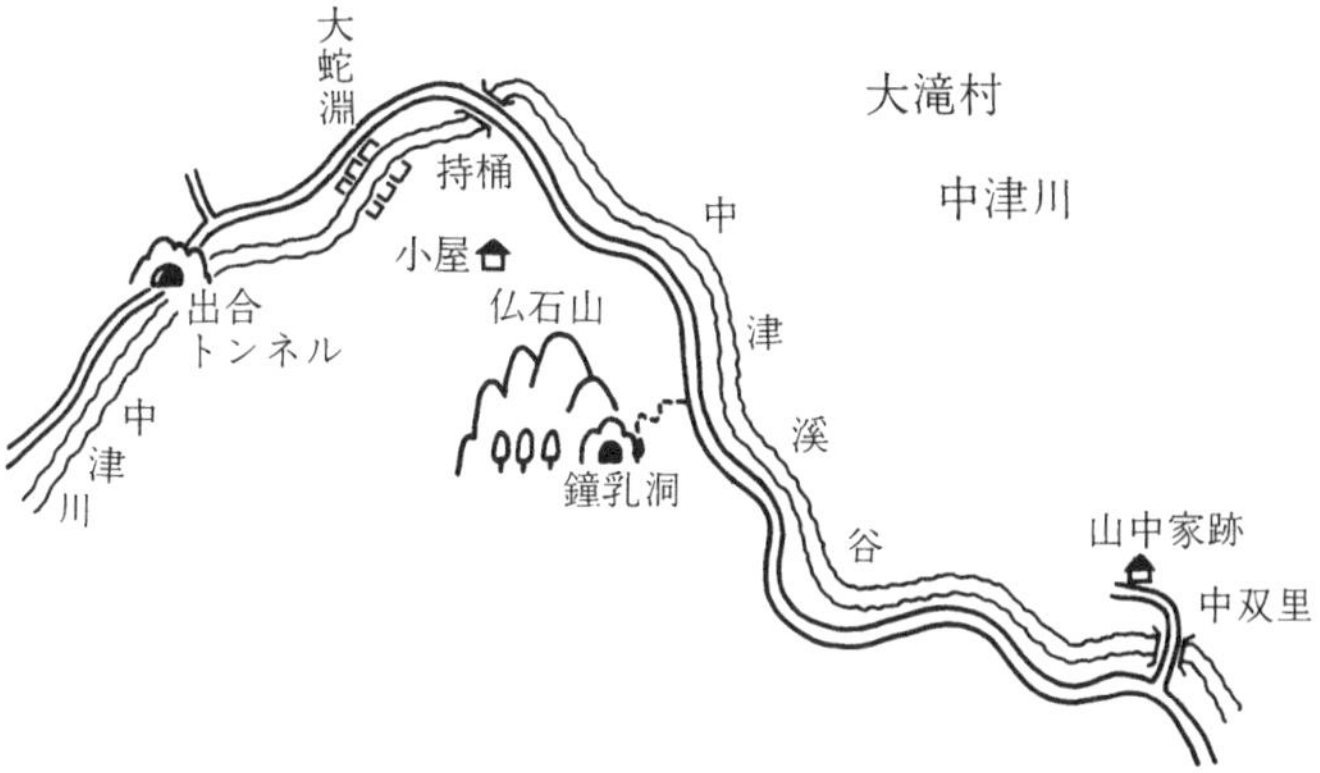

と言い残して、わずか半年もたたないうちに立ち去ってしまうのが常でした。

しかし、この寺に住んだ最後の僧は胆力もあり、長く居住しました。やがて晩年になり、自分の死を予知した僧は、村人達を集めて風呂を焚かせ、その中に入って大往生をとげたということです。

この僧の死後は住む者もなく、寺は荒れ放題となってついに崩壊してしまい、あとには一体の石地蔵が残りました。それでも昭和の初め頃までは、まだ寺の残骸がわずかに残っており、風呂の中で大往生をとげた僧のものと思われる白骨の一部が、その付近にあったとも伝えられています。その後、この洞窟の前には、モミ、ツガなど伐り出した用材を集めておく小屋が近年まで建てられていました。

時は移り、中双里に昭和の初め頃まで山中定吉というおじいさんが住んでいました。この中双里は、昭和二十九年、初めて自家発電により電燈がともったという秘境の地です。急斜面にわずかばかりの耕地がある他は、そのほとんどが山林におおわれています。しかし、この豊かな森林資源も交通の不便さから、江戸時代までは原生林の繁るにまかせていました。中津川の林業は、明治に入ってから始められたもので、伐り出された木材は中津川に流して運搬していました。木炭などは、馬方が馬の背で運び出しました。

定吉じいさんも山で木を伐ったり、炭を焼いたりして山仕事で生計を立てていました。定吉じいさんの山林は、仏石山鐘乳洞の五〇メートルほど西側の所から、持桶という大きな山の方へと続いていました。その持桶の中腹の平らな場所に仮小屋を建て、付近一帯を焼畑にし、アワ、ヒエ、キビ、ソバ、大豆、小豆、野菜などを作っていました。

中双里の「双里」とは、秩父地方では焼畑休耕中の場所のことだそうです。焼畑にはたいてい、間口三間、奥行一間半ほどの小さな仮小屋が建てられ、種蒔き後や収穫時期に、鳥獣の害を防ぐため泊まり込みました。

定吉じいさんの仮小屋もこのような小屋の一つで、忙しい時には中双里の家に帰らず、二、三日仮小屋に泊まり込んで、畑や山仕事に精を出していました。仮小屋には、鍋・釜など炊事用具が備えてありました。泊まる時は、朝家を出る時、米・麦・味噌などを背板で運び、畑の野菜などを利用して小屋の土間で自炊をし、夜は、奥の板敷きの寝床で睡眠をとりました。

ところで、定吉じいさんには、もう何年も続けている一つの習慣がありました。それは山仕事に先だち、仏石山の鐘乳洞の中にあるお地蔵さんに、その日の仕事の無事安全を祈願することでした。そのたびに、心のやさしい定吉じいさんは、暗い洞の中に一人でいるお地蔵さんを可哀想だと思っていました。

そんなある日のこと、いつものようにお地蔵さんを拝んでから仕事にとりかかろうとした定吉じいさんは、ふとこんなことを思いつきました。

「お地蔵さんを仮小屋のそばに置いて祈願するようにすれば、お地蔵さんもさびしくないだろうし、自分も朝暗いうちに家を出て、鐘乳洞まで出かけなくてもすむのに」

そう思うと定吉じいさんは、もういてもたってもいられません。さっそく仕事は後まわしにして、もう一度、仏石山の鐘乳洞へ出かけて行きました。そして、重い石地蔵を背板にしばりつけて、「エッチラ、オッチラ」と山道を背負って、仮小屋の前へと運びました。

お地蔵さんを運ぶのに思わぬ時間がかかり、日が暮れかかってしまったので、その日は仮小屋に泊まることにしました。ありあわせの簡単な夕食をとると、昼間汗びっしょりになりながら重いお地蔵さんを運んだので、急に疲れが出て眠くなってきました。

「今日は良いことをしたわい」

と独りごとを言いながら、横になって寝ようとしたときです。

「ジゾウ、コー。ジゾウ、コー」

という異様な声が、どこからともなく聞こえて来ました。

びっくりした定吉じいさんは、飛び起きてあたりの様子を窺いましたが、何も変わったことはありません。外にも出てみましたが、誰もいないようでした。そこで小屋に入

持桶の大蛇淵

り、また寝ようとして横になると、先ほどと同じように、

「ジゾウ、コー。ジゾウ、コー」

という、腹に響くような不気味な声がしてきました。

何者かに一晩中「ジゾウ、コー。ジゾウ、コー」と呼び続けられた定吉じいさんは、

「これは昔、仏石山に住んでいたという妖怪のしわざかも知れないぞ」

と、考えました。そう思うとよけいに怖くなり、とうとうその夜は、一睡も出来ないまま夜が明けてしまいました。

朝になり、外に出た定吉じいさんは、昨日、小屋の前に運んでおいたお地蔵さんをいつものように拝みました。そして、やさしいお地蔵さんの顔を見ていると、思い当たることがありました。

「うん、そうか。わかったぞ。昨夜の声は多分、妖怪がこのお地蔵さんをもとの洞の中へ帰せといっていたのだ」

そう考えた定吉じいさんは、すぐに重い石地蔵を背負い、「エッチラ、オッチラ」と仏石山へ運び、鐘乳洞の中のもとの場所に安置し、自分の考えだけで移動したことをお地蔵さんに詫びました。それからは、仮小屋に泊まっても、二度とこのような怪しい声は聞かれませんでした。

この定吉じいさんは、昭和十三年、八十一歳の高齢で亡くなりました。現在、その子孫は中双里を去ってしまい、仏石山の石地蔵も、今はどこへいってしまったのか、洞の中で見ることは出来ません。

仏石山に長年住んでいたという妖怪の正体は、いったい何者であったのでしょうか。仏石山よ

りわずか上流の中津川本流に、「持桶の大蛇淵」という深い淵がありますが、妖怪は、あるいはこの淵の主である大蛇の化身だったのか、今となっては知るよしもありません。

天狗の妙薬

秩父郡小鹿野町の小池正二さん宅には、天狗からいただいたという由緒のある、直径二〇センチほどの鉄製の手鏡が、家宝として大切に保存されています。小池家の祖先は、秩父市黒谷にある山の中腹の耕地に住んでいました。そこは、東にある簑山に対し笠山と呼んでいます。

江戸時代の末頃、小池家の当主、小池佐七さんは近所の人々をよく助けて、農作物の増産に励みました。いつしか、そのことが秩父を治める忍《おし》藩の代官の耳に入り、その褒美として、和銅山の麓にある田畑をいただいたそうです。その田畑は、戦後の農地改革で他人に渡っていましたが、最近、この畑に家を建てることになった人が、小池宅を訪ねて来ました。昔、小池家の祖先が代官からいただいた由緒のある畑だということを知ったその人は、小池佐七さんの供養をしてから建築したいということで、佐七さんの名前や没年などを聞いて帰ったそうです。

この小池佐七さんの長男に当たる小池貞作さんという人が小鹿野に移り住み、小鹿野小池家の祖先となりました。貞作さんには、秩父郡矢納村鳥羽の新井家に奉公していた武一《ぶいち》という弟がいました。この武一さんの家には、「天狗様の胃腸薬」という妙薬にまつわる次のような話が伝えられています。

武一は、農業や炭焼きなどを主な仕事としていました。鳥羽の隣りの高牛には、国本アヤさんという未亡人がいました。アヤさんの夫は、明治四十年八月二十五日の大嵐の時、事故で亡くなったのでした。この日、村中総出で高牛沢にかかる橋にひっかかった大木の根を取り除く作業中、突然襲った鉄砲水と土砂崩れのため流されて亡くなった五人のうちの一人だったのです。

武一は、夫を亡くしたこの若いアヤさんと結婚して高牛に住むようになりました。アヤさんは大柄な人で武一は小柄だったので、夫婦喧嘩ではいつも武一に分がありませんでした。しかし、武一は、

「本気でやればまけないよ」

と、人にはよく話していたそうです。

武一は、いつも胃病で苦しんでいました。何度も医者に診てもらって、いろいろな胃腸薬を飲んでみましたが、いっこうによくなりません。そこで、日頃信仰している山ノ神に、二十一日間の祈願をかけてみることにしました。

高牛集落の奥には、天狗岩という大きなかぶり岩があります。博打場でもあったその岩下には、炭焼きの人達が建てた祠に山ノ神が祀られていました。武一は、この山ノ神の前で何も食べずに、胃病が早く治るようにと、ひたすら祈願し続けました。

ちょうど二十一日目にあたる満願の日の、月のきれいな夜のことです。一心に最後の祈りをしていると、突然、なま暖かい一陣の風が吹いてきて、「バサ、バサ」という大きな羽音が聞こえたかと思うと、武一の眼前に一羽の大鷹が舞い降りて来ました。その大鷹には、目のギラギラ輝いた、恐ろしい真っ赤な顔の大天狗が乗っていました。

大鷹から飛び降りた天狗は、びっくりしておびえている武一に向かって、

「怖がることはない。早くこの大鷹に乗りなさい」

と、言いました。

目隠しをされた武一は、言われるままに恐る恐る、天狗と一緒に大鷹の上に乗りました。すると大鷹は、大きく羽ばたき空高く舞い上がりました。武一には何も見えないので、怖いという気持ちはありません。天狗様と一緒にあちらこちらの山々を飛び回っていました。目隠しをされている武一には、どこの山を飛んでいるのか、何日たったのかもさっぱりわかりませんでした。

下界では、満願が明けて何日たっても武一が山から帰らないので、大騒ぎになりました。祈禱師に武一の居場所を占ってもらったり、村中で、「武一ヤーイ、武一ヤーイ」と太鼓をたたき、大声で呼びまわったりしましたが、見つかりませんでした。

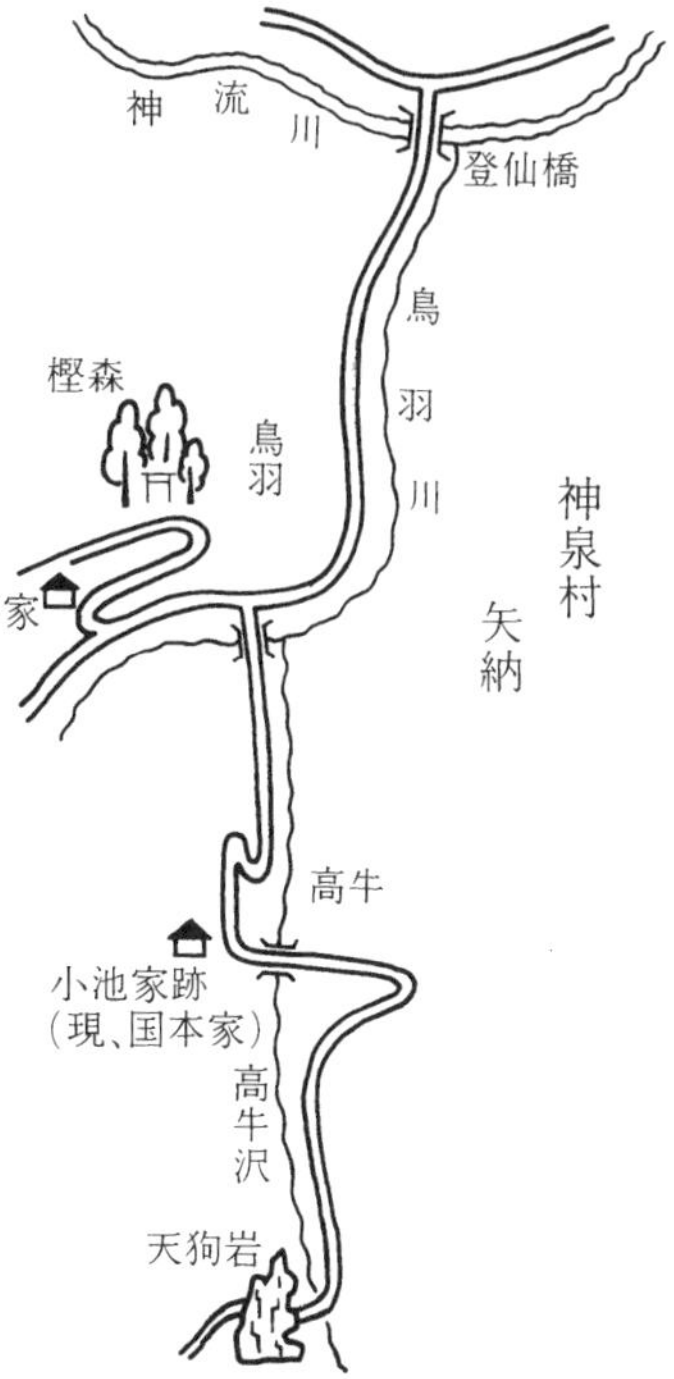

一方、大鷹に乗った武一は、天狗と一緒に何日飛んでいたことでしょうか。ようやく飛び疲れた大鷹は、羽根を休めて止まりました。そこで武一は勇気を

出して、長い間苦しんでいる胃病を治すため、山ノ神に祈願をかけていたことを天狗に話しました。天狗はうなずきながら、

「そのことは、よく承知しておる。お前は日頃から心がけが良く、山ノ神への信心も厚いので感心しておったのじゃ。そこで、ひとつわしが、胃腸病によくきく薬の作り方を教えてくれよう」

と、言いました。

「じゃが、天狗の秘法ゆえ、絶対に他人には薬の製造法をもらすでないぞ」

天狗は強く念を押してから、胃腸薬の作り方をくわしく武一に教えると、

「わしはこれで帰るが、この場を動いてはならぬ」

と言い残し、武一に手鏡を一つ与えて、再び大鷹に乗り大空へ舞い上がりました。

天狗に言われたとおり武一は、しばらくその場にじっとしていましたが、天狗が遠くに飛び去ってしまったことを知ると、こわごわ目隠しを取りました。そして、あたりを見渡してびっくりしました。何と、そこは、鳥羽の樫森という野栗明神の大欅のてっぺんだったのです。

あわてて大欅にしがみついた武一は、生きた心地もしないでぶるぶる震えながら、はるか下の人家が見える方に向かい大声で、

「オーイ、オーイ、助けてくれー」

と、何度も何度も叫び続けました。

ようやくその声を聞きつけた村の人達は、おどろいて声のする樫森へとかけつけました。そして、大欅のてっぺんにいる武一を見つけましたが、そこまで誰も登ることが出来ません。そこで

もう一度家々に帰り、長い梯子を集めて来ました。その梯子を十二も長くつなぎ合わせて大欅に立てかけ、消防団の人々がやっと武一を大欅の上から降ろすことが出来ました。知らせを聞いた兄の貞作さんも小鹿野からかけつけて来て、無事だったことを喜び合いました。

天狗に連れ去られてから一週間ぶりに助け出された武一は、誰も登ることの出来ないあんな高い大欅のてっぺんにどうしていたのか、村の人達に聞かれました。武一は、目隠しをされながら天狗と一緒に大鷹に乗って何日も飛んでいて、気が付いたら大欅のてっぺんにいたのだと答えました。だが、天狗に教えてもらった胃腸薬のことは、一言も話しませんでした。

家に帰った武一は、忘れぬうちにと思い、さっそく天狗から教えてもらった胃腸薬の製造に取りかかりました。数日後、完成した胃腸薬を飲むと、日に日に胃の具合が良くなり、まもなく胃病はすっかり治ってしまいました。

高牛の天狗岩

この胃腸薬の効き目にびっくりした武一は、今度はこの妙薬で、自分と同じように胃腸病で苦しんでいる人達を助けてやろうと決心しました。営業の許可を取るため、同じ高牛に住む黒沢喜太蔵さんという筆達者な人に手続きをたのんで届け出ました。この時、武一は原料にする二十種類もの薬草の名前を喜太蔵さんにすらすらと言ったそうです。喜太蔵さんが、後でその薬草を調べたところ、それぞれどれもみな効用のあるものばかりでした。
幸い胃腸薬は合格して、免許の札を掲げることが出来ました。天狗の面を商標にした胃腸薬をたくさん製造した武一は、それを背中にしょって、あちらこちらの村々へ売り歩きました。

「武一の天狗の胃腸薬は、すごく効き目がある」

と、たちまち各地で評判になりました。

ある村へ胃腸薬を売りに行った時のことです。

「ぜひその天狗の胃腸薬の作り方を教えてはくれまいか」

と、それは熱心にたのむ一人の老人がいました。武一は、ついうっかりとその熱意に負けて天狗との堅い約束を破り、胃腸薬の作り方を教えてしまいました。

それから数日後、薪用の杉の枝を拾いに近くの両谷山へ行った武一は、何でもない所で崖から落ちてあっけなく死んでしまいました。翌年の大正十二年には関東大震災が起こり、天狗岩の大半が崩壊してしまったのです。多分これは、武一が天狗との約束を破ったので、その怒りにふれたのだろうと、村の人達はうわさしあいました。残された武一の家族は、その後一生懸命に天狗様を信仰しました。武一の小池家は高牛を去りましたが、その子孫は今でも繁栄しているそうです。

武一の死後、天狗の胃腸薬はアヤさんの連れ子だった国本三平さんが引き継ぎ、小池家の家伝の胃腸薬として、戦前まで売りさばかれていました。小鹿野の小池家でも、足袋屋をしていた貞作さんが、店に胃腸薬を置いて販売していました。何も宣伝はしないのに、かなり遠方からも買いに来る人がいたそうです。

天狗の胃腸薬の作り方は、灌木にいるエボタの虫と、山から採ってきた二〇種類近くの薬草を原料とし、さらに蜂蜜と味醂を混合した飲み薬だったそうです。しかし残念ながら、三平さんが亡くなられた今では、その作り方は、わからなくなってしまったということです。

寄居冬住山浅間の怪

神山　弘

埼玉県のある町で、あまり古くない住居を改築した家に変なうわさが立った。その家でもご多分に漏れず嫁と姑の仲が悪かったが、姑の死後、亡霊が出るという。夜中に目覚めて便所にいくと、廊下の隅に死んだはずの老女が立っている。そのために姑のにおいの残る古い建物をすべて壊してしまったという話だ。私もまた聞きだからうわさの真偽はわからないが、実在の人のことなので、もし発表しても場所を書かないようにと頼まれた。山裾の小さな町ではいつになってもこんな話が絶えない。怪談は今昔を問わず絶好の井戸端会議の話題なのだ。

家を新築してからも、老女のお化けが出たかどうかは分らないが、私にも霊魂に対して不思議な体験がある。戦時中、私は旧満州国の鞍山という町に一兵卒として駐屯していた。ここは巨大な製鉄所のある町で、郊外の老虎山という丘陵にレーダーをおいて、敵機の襲来を捕捉するのが部隊の任務だった。しかし早くから敵爆撃機来襲の予知はできても、こちらにはそれを要撃できる飛行機がないという負け戦さの終戦間近かな三月のことであった。兵営で毎晩なぜか父の夢ばかりを見たが、それから一ヵ月たって父が死んだという知らせが届いた。その頃手紙は東京から満州まで一ヵ月もかかったのである。父は東京大空襲の夜、かかる医者もなく他界したという。その日遠く離れた戦地で父が夢に出たのは何故なのだろうか。偶然といえばそれまでだが、どちらかといえば霊魂不滅を信じた方が人生は楽しいようだ。

徳川時代に編纂された『新編武蔵風土記稿』をひもとくと、埼玉県今市村の項に「冬住山」として、

此地に浅間の小社あり、富士浅間上の宮より神体をここに移し祀る、冬より春にかけて年々神体坐す故にこの名ありといふ。

と出ている。富士浅間の神が冬になると山頂から山麓の神社に移るという、なんのへんてつもないこの記事に私は奇妙な魅力を感じて、冬住山の民俗探訪に出かけた。これが神霊の招きというのであろうか。そこで予期せぬ不思議な見聞をすることになったのである。

冬住とは寄居町今市の小字で、現在は関越自動車道が、この集落の真ん中をぶち抜いて走っている。東京方面からくると、今市から川本町に出る道がこの関越道を陸橋で越えていて、その一つ手前の陸橋に冬住陸橋の名が付けられている。しかし冬住には『武蔵風土記稿』にいうような山と呼ばれる丘陵はなく、また浅間の神社もなかった。

道端の畑で農作業をしていたおかみさんに尋ねたが、冬住には神社はなく、それを強いて捜すならば稲荷の小祠だろうという。そして向こうに見える森の下にその祠があると指さして教えてくれた。その森と見えたのは大きな一本の古木で、今市から関越道を冬住陸橋で越えたすぐ下にあった。大木の根元には真新しい祠が置かれ、その後ろには、もとは祠か墓石かわからない古い

模様の刻まれた、いくつかの石片が散らばっていた。このときはこれから書く猟奇的な現象を全く予期していなかったが、そこにはなんとなく不気味な風が篠笹を揺らせているようにみえた。

　祠に一礼してから、先ほどのおかみさんから聞いたこの社を管理している堀口松田さんを訪ねると、応対に出た六十三歳になるという奥方の久子さんは、口を開くなり、私がその稲荷の祟りの体験者だと話しだした。

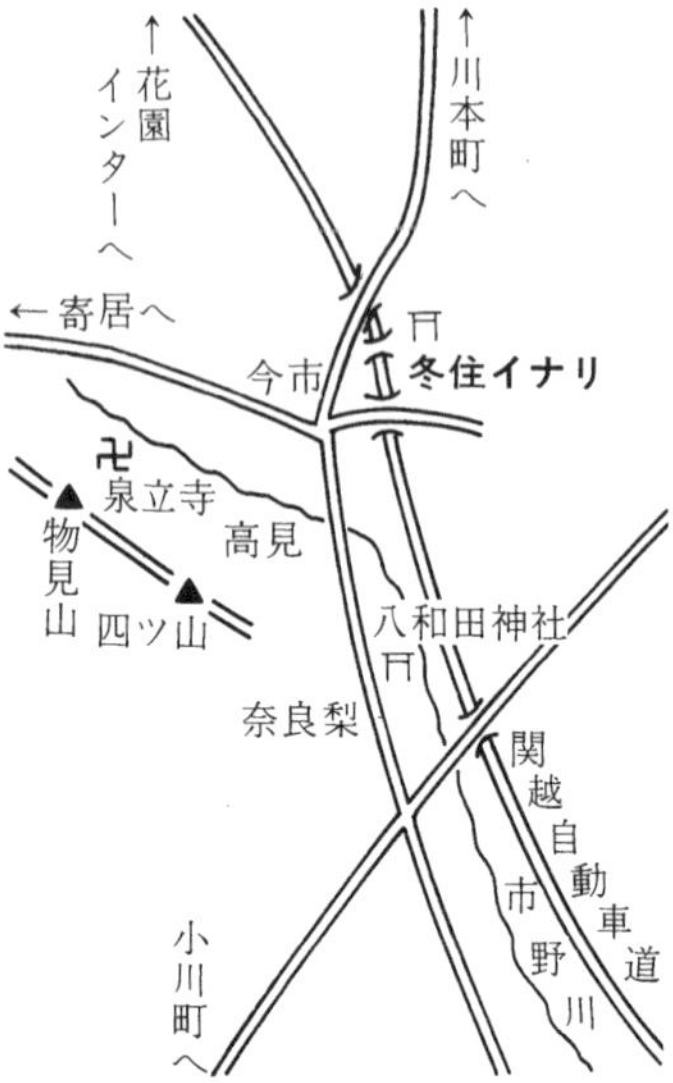

　久子さんは夜になると金縛りになる状態が二、三年続いた。特に風呂に入っているときに多く現われ、自分の意識ははっきりしているのだが、体が別の行動をする。合掌した手が接着剤でつけたようにどうしても離れず、また日蓮宗や創価学会の信者でもないのに、南無妙法蓮華経のお題目が口から出る。ある夜は大蛇が懐に入ってきたという。夢だったがこれではとても体が持たないので、人づてに川本町に蛭川という先達がいると聞いて、この人に悪霊封じの祈禱をしてもらった。蛭川氏は先達といわれるところをみると、もとは富士講か御嶽講の山岳修験の行者であろう。

　その祈禱師は、これは稲荷の神が祟っているから幣束を立てて拝めという。そこで堀口さんは、石片の散らばっていた大木の根元をきれいに整地して、コンクリートで稲荷の社を新しく建てて祭ったそうだ。ここは昔、塚越という大きな農家があり、この祠はその家の氏神で、つい先頃までこの家の掘井戸が残っていた。しかしその家が没落して子孫が絶えてからは、祠は誰もかまわず荒れるにまかせてあった。そのため稲荷の神が堀口久子さんに憑いて、新たな祭りを要求したのだという。

人に乗り移るのは狐なので、先達さんと呼ばれる祈禱師は稲荷の祟りだといったのだろうが、大木の下に散乱していた古い祠の石片はもとは何様であったか判らない。もしかしたら『新編武蔵風土記稿』にある冬住山の浅間様かもしれない、と堀口松田さんは言っていた。

それはともかく、ここにはいろいろと奇怪な話が伝わり、この没落農家にもその原因として一つの怪談がある。それは、この家に二人組の強盗が押し入ったときのことで、家の気丈なおばあさんは、いまお茶を入れるから、ゆっくりして好きなだけ盗っていけと湯を沸かし、すきを見てその熱湯を泥棒にかけたので、賊の一人が死んだ。この賊の怨霊が祟って家を傾けたのだといわれている。自分で悪いことをしておきながら、化けて出るとはとんでもない泥棒もいたものだ。

また、今市で精米所もしているある不動産屋が、この祠の横に生えていた柊の木を掘り取って、自宅の庭に植えたら急病でぽっくり死んでしまったという。

久子さんはこの祠に毎日参拝して賽銭を上げていたが、いつも誰が盗るのか無くなっている。近所の人が、自分の家に置いて貯ったら花にして供えればよいと話すので、祠の前に残っていた小銭を集めて家に持ち帰ったが、その夜、体が熱くて眠れない。すぐ先達を呼んで祈禱してもらい、賽銭を祠に戻したら体がもとに返ったという。このようにいつどうなるか不安で先達と縁が切れず、戦々恐々の毎日だと話していた。

このことは遠い昔話ではなく、今も進行している冬住稲荷の祟り話なのである。ウソだと思う読者は、埼玉県寄居町字冬住の堀口久子さんに会ってみるとよい。金縛りは特殊な人の精神現象だとされているが、ここに書いたものよりもっと生々しい怪奇談を聞くことができると思う。

奥武蔵越生地方の妖怪ばなし

新井良輔

越生《おごせ》は秩父盆地を取巻く山脈の外側、関東平野に面した、通称外秩父にある小さな町である。最近でこそ東京への通勤圏となり、ベッドタウン化しつつあるが、まだ自然が残り、越生梅林、黒山三滝、越生七福神と埼玉県でも指折りの観光地になっている。

さまよえる稲荷の狐

越生駅の東、山吹の里の対岸に「稲荷」の小字が残っている。今では宅地開発で昔の面影はないが、元は小さな森に稲荷様が祀られ、「耕地の稲荷」と呼ばれていた。

この稲荷は、昔の領主、越生次郎家行が源頼朝の命を受け、法恩寺の再興をはかった折、頼朝が法恩寺へ寄進した、八町四方の田畑の豊穣を祈って祀ったものと伝えられ、越生耕地の守護神とされた。

明治四十年、内務省は神社統合令を出し、耕地の稲荷も、他の四社の稲荷とともに八幡神社に合祀されて越生神社となり、稲荷の森も競売され田圃となってしまった。ところが、この耕地の中にある一軒家、吉野氏宅では、毎晩、家の近くを何かが走り廻り、騒がしくて恐ろしがっていた。

ある夜、吉野氏が眠っていると、枕元に一匹の狐が現われて、

「私は耕地の稲荷に住む狐だが、稲荷の森がなくなって住む所がなく、毎晩お騒がせしているが、どうか私の住む処を作って下さい」

吉野家の稲荷社（越生耕地）

と涙をこぼしたという。

親切な吉野さんは、早速庭先に祠を造り、お稲荷様を祀ってやった。すると、その夜からは今までの騒ぎもおさまり、吉野家にも平穏が続いたそうである。

田ん中の宗さんと呼ばれた吉野家も、今では越生駅から山吹の里に向かう大通りに面し、すっかり宅地化されてしまったので、稲荷の狐たちも、さぞ住みづらくなったことであろう。

狐の嫁入り

私が小学校三年生の頃、祖母が、「今夜は狐の嫁入りだ」といって、私を裏へ連れて行った。山吹の里の上の方に、たくさんの灯がちらちら動いているが、恐ろしさは全くなかった。しばらく見て帰ると、祖母は「狐の嫁入りがあると良いことがあるよ」といいながら、神棚へお灯明を上げ手を合わせていた。

狐に化かされた曾祖父

私の曾祖父、藤太郎は、越生連合戸長（今の村長）を務めた人であるが、毎月二十八日には川越の不動様へお参りに行く信心家でもあった。

川越へは五里、その日も番頭に提灯を持たせて暗いうちに家を出て、如意から箕和田へかかったところ、どうしても見覚えのある所へ出ない。これは道に迷ったかな、それにしても通いなれた道でしかも番頭と二人連れ、ことによると狐に化かされたのかも知れないと、山道に腰を下ろし、火打石を出して一服つけて見た。昔から「狐には切り火が一番良い」といわれていたからである。

すると急に夜が明け始めて、山の中をさまよっていた自分を見出した。どうやら、如意と箕和田の境の山中をぐるぐる廻っていたらしい。

山吹山と越辺川

お稲荷様のお寿司

太平洋戦争も敗色濃くなり、越生・毛呂山の山の中に、地下工場を造ることになって、たくさんの飯場が出来た。食糧難で土地の者さえ満足に食べられなかった時代、重労働をする飯場の労務者はいつも空っ腹をかかえて、「ほしがりません勝つまでは」と頑張っていた。

入浴もままならない飯場で、ある夜、若い労務者が急に裸になり、「いい湯だ、いい湯だ」と表を歩き廻り夜を明かしてしまったことがあった。

朝になって仲間が、どうしたのだ、と問い詰めると、夜中のことは何も覚えていない。ただ夕方、近くの稲荷様を見たら、いなり寿司が上っていたので、それを食べてしまった、という。

苦しい労働の上に、入浴、食事もままならぬ労務者への、お稲荷様の粋なはからいであったのか、あるいは狐に化かされたのか、たしかなところはわからない。

愛宕山の狐（火の玉と提灯行列）

西戸と箕和田の境にある愛宕山には、昔から悪い狐が住み、時々、山頂の大松にたくさんの提灯をつけたり、夜道で大声を上げたりして恐ろしがられていた。その昔、私の曾祖父が、箕和田境にはたしかに狐がいると語っていたことが思い出される。

如意の堤さんの父親は、その日、川角へゆき、暗くなってから、大類越出《おおるいこいで》で越辺川《おっぺがわ》を渡り、土手に上ろうとすると、下流の方から大きな火の玉がとんで来た。これは大変と、身を伏せたところ、火の玉は「ゴーッ」と音を立てて頭の上を通り過ぎたそうである。「あれは愛宕山の狐の仕《し》業《わざ》に違いない」と、やっとの思いで逃げ帰ったという。

愛宕山の狐の話は、隣町の毛呂山《もろやま》でも聞かれる。

毛呂山町沢田からは、島耕地という広い水田を前にして、越辺川の対岸に箕和田の愛宕山を見

越生の妖怪関係要図

①四寸道(高山街道)
羅漢山の天狗と鬼
(1-2)宮崎家
鬼が刀を打った家
②百貫淵
仲喜屋さんが狸に出合った所
③鹿島神社
うなぎを押える要石のある所
④菊屋の坂(現在町裏の旧道)
小豆洗いが出た所
⑤島野の裏の淵
越辺の平四郎の居た所
⑥山吹山(通称如意(ネオイ)山)
山吹の里の伝説とともに、狐の嫁入りが見えた所
⑦愛宕山
狐のすみかといわれた
(7-1)久保堰
小川喜内さんが狐火に出合った所
(7-2)箕和田の山(今は入間カントリー)
新井家のおじいさんが狐に化された所
(7-3)大類越出(鎌倉街道の渡河点)
狐火が出た所
⑧八幡淵(筏の中継所)
河童を生捕りにしようとした所
⑨市場、山崎家(油屋)
狸がいろりに坐った家
⑩竜ヶ谷山(竜涯山)〈中世の山城〉
狸がいたずらした所
⑪田中(タンナカ)の宗さんの家(吉野家)
耕地の稲荷の狐がさまよった家
⑫大高取山(地図では西山高取)
金色の大蛇の居た所
⑬男鹿の岩
雄の大蛇の棲んだ所
⑭越瀬橋(都幾川、三波渓谷)
白うなぎが棲む所
⑮女鹿の岩
雌の大蛇の棲んだ所

渡せる。ある夜、沢田の人が家の裏へ出てみると、愛宕山あたりの中腹に変な灯りが見え、それがだんだん近づいて来る。やがて灯は提灯の列となり、十個ほどが横に並んで動いて行った。恐らくこれも、愛宕山の狐の仕業《しわざ》であろうといわれている。

夜振りの怪

毛呂山町の郷土史家・小川喜内氏は、若い頃よく越辺川へ夜振りに出かけた。夜振り（または夜掘り）とは、石油を入れた土瓶の口へ古布を芯にして差し込み、篠に吊して灯を点し、淵で眠っている魚を刺したり、時には包丁のみねで打って捕る漁法であるが、その夜もそれに熱中していた。

ふと下流の越辺川橋の方へ眼をやると、はるか遠くの空に怪しい光が見える。なおも見つめていると、それが次第に近くなり、光は十四、五にもふえて横になったり、縦になったりしている。びっくりして、川から逃れようと何とか土手にはい上った。近くに瓦屋の作業場があり、まだ職人が仕事をしているらしく灯りが点っていたので、一目散に駈け込んで助けを求めた。振り返ってみると、灯の列は西戸あたりに見え、一瞬にして消えてしまったということである。

これも噂に聞く愛宕山の狐のいたずららしい。時は昭和九年の夏、空に星一つない曇った夜であったそうな。

お狐様はのそのそと

私の家は明治以来、代々三等郵便局長をやって来た。今は普通局に昇格した越生郵便局である。ここの配達人をしていた庄さんという人は、痩せていたので「骨庄さん」とよばれ住民に親しまれていた。

庄さんはいつものとおり梅園村の方へ配達に行ったが、山道で狐が出て来て長い尾を振っている。これは俺を化かす気だな、と気付き、

「お狐様、私は越生の郵便局の者で決して怪しい者ではございません」

といったところ、お狐様はそれがおわかりになったとみえ、のそのそとあちらの方へ行かれました、と局長であった祖父に語ったそうである。

画になった狸

津久根の中喜屋さんは働き者で、その日も魚や乾物を荷車に乗せて、麦原へ商いに出かけた。

百貫淵・狸の掛軸（部分、中喜屋蔵）

秋の祭の前とて、商いも上々、鼻唄まじりで黄昏の麦原川沿いに下って来ると、小杉との境の百貫淵という淵の岩に、誰か腰を掛けている。

「今頃誰だろう」

と、よく見ると大狸であった。驚いた中喜屋さんは一目散に逃げ帰ったが、このあわてた姿があまりにおかしかったので、村中の話題になってしまった。それ

を近くに住む泥人という襖絵画きが筆をとり面白おかしく画にして、中喜屋へ持って行ったが、中喜屋さんは怒るどころか、喜んでそれを大切に保存した。

画には次のように書かれている。

大正十三年九月、麦原へ魚売りに、夕方帰途百貫淵で古狸現れ、雲をかすみと逃げ帰る、津久根の中喜屋さん　　泥人㊞

狸が遊びに来た油屋

毛呂山町の小川喜内先生のおばあさんは、嘉永元年生まれ、実家の市場村（毛呂山町）の山崎家は、農業の傍ら油搾りを副業としたため、今でも油屋の屋号で通っている。

この作業場の一角に大きな囲炉裏が残っている。昔、この作業場で夜業をしていると、

「油屋さん今晩は、油屋さん今晩は」

と声がするので障子を開けると、一匹の大狸が入って来て囲炉裏の向こう側に廻り、大あぐらをかいて暖をとってゆく。別にわるさをするわけでもなく、毎晩のように狸は油屋へ遊びに来て、夜業が終わり片づけ始めると、しずかに帰って行ったそうである。

上村華蝶と狸

毛呂山の著名人、上村華蝶はよく、「俺は霞を喰って生きているのだ」といっていたが、阿諏訪の竜ヶ谷山の雷電神社の社務所に住み、気の向くままに絵を画き、襖や屛風に仕立てて生活し

ていた、まさに仙人のような人であった。

ある夜、華蝶夫妻は山の下の本家へお風呂をもらいに行ったが、往復一時間もかかる山の上のこと、戦後でも電気は引けず、ランプを消して下りたのに、近づいて見ると家から灯りがもれて、話し声も聞こえる。そっと提灯を消して入口に立つと、一瞬灯りは消えてしまった。家に入り、灯をともして見廻したが、出かける前と何ら変わった様子はない。

こんなことが幾度かあり、時には庭先や坂の途中で「華蝶さん！」と名前を呼ばれることもあったそうだ。しかし、さすがは仙人暮らしの華蝶さん、どうせいたずら狸の仕業であろうと、笑って一度も化かされたことはなかったそうである。

越辺川・島野の裏の淵（平四郎河童が棲んだ）

越辺の平四郎

越辺川には「オッペの平四郎」という河童が住み、時々子供を川へ引きずり込んだという。この河童は町裏の通称「島野の裏」とよぶ淵に住んでいて、島野家の残飯を食べていた。島野家の当主は、島野伊右衛門といって、特産の越生絹の大問屋で、代々庄屋を務めた豪商であった。

お盆になると、川施餓鬼といって、水難で死んだ人や無縁仏を供養するために、川へ胡瓜や茄子が流された。河童は胡瓜が大好物で、平四郎は大喜び、残飯にあきると、この胡瓜を食べに出た。

ところが、お盆に子供が川にゆくと、平四郎は、これもお施餓鬼の供養と間違えて、子供を川に引きずり込んで尻へ藁筒を差し込み、はらわたを食べるのだそうだ。このためお盆中に私達子供が川の方へ行くと、祖母は顔色を変えて連れ戻しに来たものである。

時代が変わって現代でも、越生小学校では水難防止のため、越辺川の淵や沼には、この平四郎の顔を画いた立札を立てて、注意を呼びかけている。

八幡淵の河童生捕り作戦

八幡淵は毛呂山町川角裏で、越辺川が武蔵野台地に突き当たり、大きく彎曲する場所である。台地の上に八幡神社があるのでこう呼ばれているが、昔ここは越辺川の筏の休憩所ともなり、筏を組合せたり縄を〆直したりしたので、近くには「筏屋」という屋号の岸家も残っている。

八幡淵には昔から河童が住んでいると伝えられた。明治九年七月十六日、ここへ泳ぎに行った十二歳の女の子が溺死するという事件が起こった。その年は異常渇水で、淵の水も非常に少なくなっていたので、これこそ河童の仕業と村中へ告《ふ》れを出して、各自手桶を持って集まり、淵の水を掻い出し、河童を生捕りにしようとはかった。

大勢の人が協力して、淵の水を汲み出したので、さすがの八幡淵も、夕方には底を見せて来たが、ついに河童の姿を見ることは出来なかった。

昔から伊草（川島町《かわじままち》）には袈裟坊《けさぼう》という河童の親分がおり、この辺りの河童達は、人間のはらわたをお中元に持ってゆくのが習いであった。それで、盆の十六日（当時は旧暦）のことではあるし、すでに女の子のはらわたをおみやげに、伊草へ出かけてしまって留守だったのであろう。この八幡淵も川の流れが変わり、今ではすっかり当時の面影はない。

毛呂山町では、この上流、沢田の清三淵にも河童が住んでおり、岡へ上って甲羅を干しているのを見たなどとまことしやかに話し、子供は決して一人で川へ遊びに行ってはならない、といわれていた。

菊屋の小豆《あずき》洗い

大関堀は、越辺川の越生本堰から越生耕地への用水路で、越生の町裏を流れている。この用水が県道（今は旧道）を横切る所に、料亭菊屋があり、隣には越生座という芝居小屋もあった。

この堀に毎晩「小豆《あずき》洗いの婆さん」*が出るというので、夜になって子供が表へ出ると、「小豆洗いにさらわれる」と叱られた。

これはその頃、「まくらのかかあ」という女が堀へ落ちて死んでから、夜になると、ここで小豆を洗う音がするのだそうだ。「サラサラ」という不気味な音は、「まくらのかかあ」が淋しくて、人をこの堀へさそい込もうとしているのだと信じられ、付近は人通りも少なくなり、

小豆洗いの図（「桃山人夜話」所載）

菊屋も次第にさびれて行ったという。

「サラサラ」の音はもちろん川の瀬音で、何の不思議もないが、昔は灯りも少なく暗いので、夜出歩くと堀に落ちたり迷ったりするので、このような話が生まれたのであろう。

＊小豆洗い　昔越後の高田の寺で、信州浅間山麓から奇形児を拾い育てたところ、一合、二合の小豆の数を必ず言い当てる妙を得ていた。ある僧がこれを怪しんで、小豆を洗いに行った後をつけ、川へ突き落して殺してしまった　それからその川に亡霊が出て、小豆を洗いながら、その数を算えたという。このため夕暮になると、誰も川に近づかない風習が佐渡、常陸に残っていた。（平凡社『百科事典』昭和六年版より）

モモンガー

最近でも大木の穴や、お寺の屋根に、「むささび」が巣を作っていると報じられるが、一昨年も私の家の松の木に棲んでいるのが見つかった。可愛いい顔をしたこの小動物が、昔はモモンガーと呼ばれて怖ろしがられていた。別に子供を取って喰うわけでもないのに、子供が夕方暗くなるまで外にいると、「モモンガーに目をふさがれる」といわれた。

むささびは、夜行性で暗くなると前後の足の間の皮を拡げて、鳥のように飛ぶが、その姿が昔の人に無気味に思えたのであろう。モモンガーの名は「股《もも》の皮《かわ》」の変化したものである。

なお、これと同様な話は「こうもり」にもあった。子どものころ、親から「夕方いつまでも外にいると、こうもりが来て耳をふさぎ、つんぼにされるぞ」と叱られたものだ。

大高取の大蛇

ハイキングでお馴染みの越生西方にある大高取山には、昔から大蛇が棲み、これを見た人は必ず寝込んでしまうといわれた。大蛇が通った跡は、草が倒れているので、それを見つけると、町の人は逃げ帰ったそうである。このため、私の知っているかぎり、この大蛇を見た人はいない。

昔語りにこの大蛇を見た人がいたが、しかし蛇の尾だけで、折からの西陽を受けて、金色の鱗を輝かせた大蛇の尾が大岩の下に入って行くところだったそうだ。恐ろしさのあまりの、逆光による錯覚であろうか。

大蛇の恋と白うなぎ

四方固めの伝説で名高い弓立山の北側に男鹿岩があり、都幾川《ときがわ》をへだてて雷電山の南側に女鹿岩がある。男鹿岩には雄の大蛇が、女鹿岩には雌の大蛇が棲み、二匹の蛇は夜になると里に下りて睦んでいた。蛇にとっては楽しい一刻であっても、この大蛇の恋のために田畑は荒され、村人は困窮し、相談の末、慈光寺の僧正に、蛇を鎮めてもらうようお願いした。僧正は早速、二匹の大蛇を呼びつけて、村人が困っているので里へ下りての恋の交りを禁じ、その代り年に一度、七夕の夜、都幾川のドウドウ淵の白うなぎを仲に立てて、逢うことをゆるした。

それから七月七日、七夕の夜は「白うなぎ」が仲人となって、男鹿岩と女鹿岩の大蛇が都幾川の瀬の上に七色の蛇の橋（虹ではない）を架けたという。このため、ここを恋の瀬、「恋瀬」と呼び、今では「越瀬」と変わって、県道に越瀬橋《こいぜばし》が架けられている。しかし、ドウドウ淵の白うなぎを見ると、目がつぶれるというので、誰も七夕の夜には外に出ないそうである。

古池の大鰻

越生町に古池という大字《おおあざ》があり、昔は古池村といった。その名のとおり、大きい溜池があったそうで、今でも道路工事などのとき、地中から堰に使ったと思われる杭や板が発掘されている。

この池には大鰻が棲み、これがあばれると地震が起こるといわれた。村人は池に鹿島様を祀り、要石《かなめいし》を置いたので、それからは地震の被害がなくなったという。

鹿島様はもちろん常陸の鹿島大社、神域の要石は地震の神として信仰が厚い。寛永元年(一六二四)に出版された『大日本国地震之図』(原田正彰蔵)によると、地震は地中の竜(蛟螭《みずち》)が動くから起こると考えられ、鹿島の大神が要石で竜の頭と尾を押えつけて地震の起こらぬようにしているとの俗信があり、

　ゆらぐともよもやぬけじの要石
　　鹿島の神のあらんかぎりは

という地震唄が伝わる。これを唱えると、地震の被害にあわないと信じられていた。

人玉(人魂)

人玉の話は多く聞きなれたものばかりである。私の裏に住むおばあさんは、現在でも健康であ

るが、その恐ろしさを最近次のように語ってくれた。

この間、Iさんのおじいさんが亡くなったんですが、ちょうどその時刻頃、私が外に出ていると、法恩寺の方から、青い火の玉がすーっととんで来て、何回かIさんの家の廻りを行ったり来たりした後、すーっとIさんの家へ下りて消えたんです。恐ろしくなって家に入り、鍵を掛けてしまいましたが、後で聞くと、あの時間におじいさんが亡くなったのだそうです。きっとあれは、前に死んだおばあさんが迎えに来たんでしょうね。

オーサキの話

奥武蔵の山村を歩くと、必ず「オーサキ」の話が出る。オーサキは猫より小さく、鼠より大きくて、毛並はブチで足に水かきがある、といわれる小動物で、何故か多産系で、親の後をゾロゾロついてゆく、と表現される。

単に想像するとまことに可愛いい架空の動物だが、御飯のお鉢のへりや、茶碗をたたくとオーサキが来ると厭がられ、人の目にふれることは少ない。しかし、オーサキに取り付かれたものは高熱を出し、うわ言《ごと》をいうそうだ。また、オーサキ家という家はすべて、その土地の金満家であるのも面白い。オーサキが住み込むと、「くわえ込みオーサキ」といって、外から財産を運び込み、そこの家の身代をどんどん増やすのだそうである。逆に、いくら金持ちでも、道楽ばかりして身を持ち崩すと、「くわえ出しオーサキ」となって、どんどんそこの身代をくわえ出して、他のオーサキ家へ宿替えをしてゆくという。

オーサキはなかなかの忠義もので、住みついた家から出て行ったものは、金銭でも、物品でも取戻しにゆくという。だから、オーサキ家から物を頂いたときは、必ずそれ相応のお返しをする。子供にも物をねだらせない。もしおねだりして、何かもらってくると、それを取戻そうと、忠義心を出したオーサキがオーサキに取り付かれるのである。

しかしオーサキもさすがは動物で、忠誠心が裏目に出ることもあった。

名栗村での話。オーサキ家の大尽がある家の庭先の菜《な》が非常に良く育っているのを見て、「お宅の菜は良いね、何を肥《こや》しにしたんだい」と問いかけた。その家の主人は茶目っ気の多い人で、ふざけて、「家では小石を肥料にしたんですよ。このとおり畠が石だらけでしょう」と答えた。

一夜明けて畠に出てみると、今まで小石だらけだった畠の石がきれいに取除かれている。不思議に思って昨日のオーサキ家の畠を見たら、何と小石がたくさん入っている。昨日の話を聞いたオーサキが、一夜のうちに、この人の畠の小石を全部、オーサキ家の畠へくわえて行ってしまったのである。

紅を塗られた蚕

奥武蔵一帯は養蚕が盛んな土地である。どこでも掃立ててから繭になるまで、心血をそそいで育てるのだが、その年は近所の家々で蚕が減ってゆく。死骸が見当たらないので、もしかしたら、と蚕に口紅を塗っておき、幾日かしてオーサキ家へ行ってみると、やはり紅い頭の蚕が蠢《うご》めいていた。家に帰って、三峰神社のお札を隣の境へ立てた。それからは蚕が減らなくなったという。

オーサキは三峰神社の狼を恐れて、蚕をくわえに来られなくなったのである。

今でも養蚕農家では三峰講があって、春の掃き立ての前に、三峰神社へ代参にゆき、お札を頂き各戸に配るそうである。

オーサキの封じ込め

オーサキ家は大尽であるから、村人からは旦那様と尊敬される人が多い。しかし、ことが縁談になると家系を嫌われてまとまらない。このため、何とかオーサキを封じ込めようとして、ある家は庭の池の小島《こじま》に小祠を造り、これに祀りこみ、一方では桐の小箱に入れて神棚へ納まってもらうことにする。

池の小島の祠は、いつも供物を奉じ大切にされるが、決して扉を開けることはない。うっかり開けて、とび出されては大変だからである。また箱に入れられたオーサキは、小石となって納まっているが、不思議なことに、その家が栄えているときは大きくなり、落ち目になっているときには小さくなるという。

最近のこと、あるオーサキ家の息子が、自分の家がそんな謂われのある家とは知らず、近所の老人に、「家には石が入った不思議な箱が神棚にあるけど、何だろう」と聞いたそうだ。古老が「その石は大きいかい」というと、「相当大きいね」と答えたので、その家が金廻りの良いことと合わせて、老人は話のとおりだと思ったという。

一般に、オーサキは狐といわれているが、奥武蔵では必ずしも狐とは断定していない。ただ、オーサキに取り付かれたとき、王子の稲荷様の幣束でお払いしたら正気に戻ったなど、狐付きと混同した面も多い。思うにオーサキ家とは、労せずして大金を手に入れた家を指したものではなかろうか。

鬼神丸の天狗退治

黒山三滝の上に、「四寸道」という難所がある。これは高山不動への参詣路で、道幅四寸（一二センチ余）というから、アルプスの岩峰のような場所をゆくのかと思ったら、さにあらず、低い岩と岩との割れ目を通る山道であった。

ここには昔から天狗が住み、あるときは山頂に数百の提灯を連ね、時には大声を発し、また大笑大喜するという珍事が続いた。そのとき、近くの村にいた若い剣士が、鬼神丸という刀を持って山へ登り、天狗を退治しようと計った。四寸道へ出てしばらくすると、話のとおり、樹上に提灯が連なり、大声がしていたが、次第に遠のいたので、これは剣士に怖れて逃げたのかと帰りはじめると、それを追うように白昼のごとき灯りとともに大声が近づいて来た。剣士は鬼神丸を抜き、大般若経を唱えながら一点を見きわめ一撃したところ、大声で、

「刀先二、三寸に欠歯あり、故に吾は此処を去る」

といって百燈とともに消え去ったという。

翌朝刀を調べてみると、天狗の声のとおり切先が二、三分欠け落ちていた。

この剣士は、竜ヶ谷村小寺の宮崎兵右衛門といった。享保年間のこと、美しい娘のいた宮崎家

へ美青年が訪れて来て、「娘さんをお嫁に頂きたい」と、結婚を申入れた。鍛冶をやっていた兵右衛門の父親が、「一晩に刀を百本打てれば娘をやろう」というと、鍛冶場に籠った青年は、次々に刀を作ってゆく。その手早さに、「これはただ者ではない」と覗くと、男は鬼であった。父親は驚いて九十九本目のときに一番鶏を鳴かせて朝が来たことを知らせたので、鬼はあきらめて逃げ出して行った。そのとき鬼が残したのがこの鬼神丸で、兵右衛門は天狗を退治しようと、高山不動へ願をかけ、三七・二十一日の満願の夜に出会ったときの話であるという。

顔振峠の呪咀地蔵

大護 八郎

大分昔のことになるが、越生《おごせ》町小杉に住む郷土史家岩田利雄氏から、大平山頂にすばらしい前鬼・後鬼を伴なう大きな役小角《えんのおづぬ》の石像がある、道は山中の小道でわかりにくいが、案内してもよい、という葉書をうけとった。

早春の草木の新芽を賞でながらの山歩きも悪くないと思い、越生駅から黒山行のバスに乗り、終点で降りるとあとは歩くしかない。少し歩いて坂元から岡穂《おかほ》入《いり》を通り、標高五三二メートルの大平山に登る。なるほど踏み分け道程度の小道を行くが、案内してもらわないと皆目見当もつかない。

記憶をたどりながらの友人の後をついて三〇分ほども行くと、山頂の少し下らしいところに、中世に栄えた山本坊という修験の墓があり、その近くの大木の根元に、目ざす役小角の大きな石像があった。高足駄を履き腰かけた役小角の前に、斧を持った前鬼・後鬼の像が向かい合い、その像容は今まで見た役小角の中では最高の出来ばえであった。役小角は温和な風貌であったが、向かって右の両手で大きな斧を持った像、左の瓶を持った像も、共に脛巾《はばき》を投げ出して腰をおろした姿が大きな四角の鬼面とともに物凄い迫力があり、しばし、シャッターを切るのも忘れて見入るほどであった。

江戸期も中頃のものとみてとれたが、江戸時代に入ると修験者も里近い小山のほとりに居住するようになり、長い修行による験《げん》をもって里人の加治・祈禱にあたり尊信を得ていた。近くの黒山三滝といわれる三筋の滝が、おそらく彼らの行場となったのであろう。里人が入ってくるにも適当な距離にある。西四キロほどの高山不動は、本尊軍荼利《ぐんだり》明王が藤原期作の重要文化財として知られ、やさしい相貌のなかにも、瞋目忿怒の相は修験者の尊崇の対象となってきた。それより南西六キロほどの子《ね》の権現もまた根の聖を開祖とする修験の山であって、共に今も訪れる人が多い。

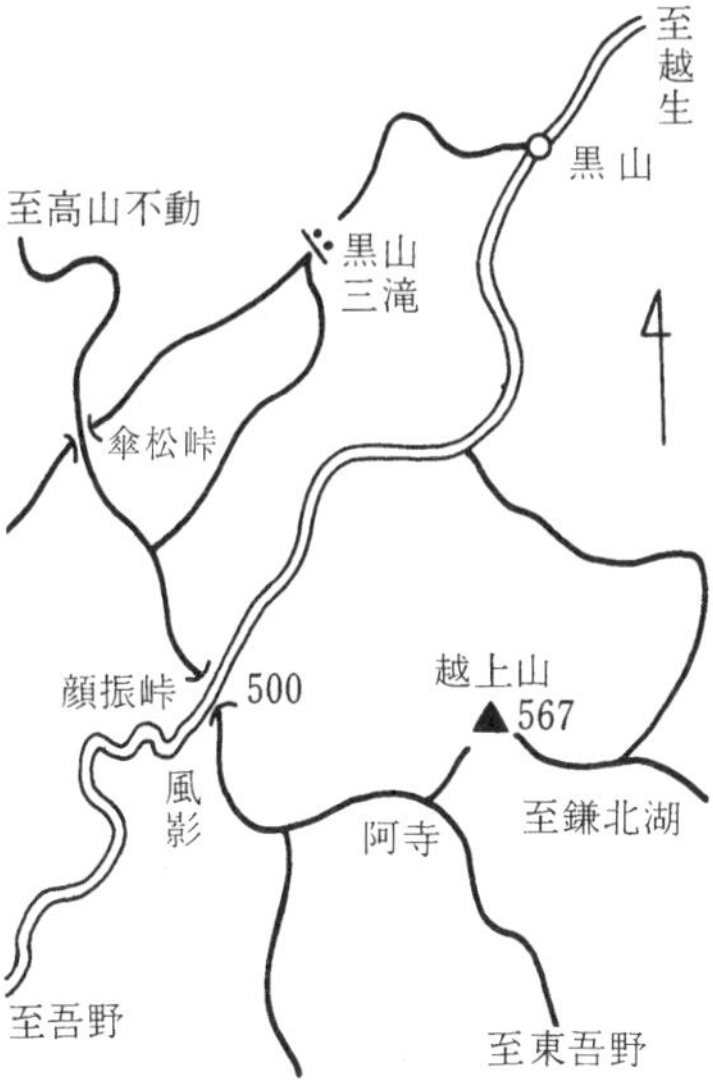

秩父山脈が関東平野に山脚をおろすあたりには、里修験の住みついたところも多く、関連の遺蹟がすくなくない。それらしい伝説をもつ五〇〇メートル以下の山々の襞をたどる楽しさの一つはここにある。

友人は午後所用があるというので、一人別れて傘松峠より尾根道を顔振《こうぶり》峠に出た。五〇〇メートルほどの高さだが、昔弁慶が坂道を顔を振りふりあえぎ上ったという伝説のあるのが、この顔振峠である。

　顔振峠から越上《おがみ》山の西麓を黒山に下りる道は、今ちょうどカタクリの花盛りだろうという友人の話をあてに、ひとりゆっくりと山中の小道をたどる。なるほど話のとおり、道の左側が砂利混じりの土を露呈しているところもあり、杉山の下はいたるところピンク色の花盛りであった。平地で、時折雑木林の端などに数輪の花を見ることはあっても、これほど広範囲に、それこそ敷きつめられたようなカタクリの花は、林の下の草花がまだほとんど花になっていない時だけに偉観であり、こんな山道に見る人もなく咲き競っているのにすっかり嬉しくなって、しばらくをそぞろ歩きに過ごした。

　春とはいえ、山肌をなでてくる風がひんやりとしてきたのに気がついてみると、林の下草にあたっていた葉もれ陽も姿を消したので、暗くなるまでに黒山まで下りなければと道を急いだ。次の瞬間、石ころの積まれた中に、ひときわ大きな自然の立石に、上部に光明真言の梵字を丸く彫り、その下に大きく大師と彫ったものが目に入った。銘があるかと近寄るとその左に小さい石地蔵があり、頭の上に𑖎《カ》と地蔵の種子を彫りつけてあるが、私が異様に思ったのは、その左右に、

「一切呪咀霊等為善心菩提也」

　とある銘文だった。衆生済度のために各地の路傍に一番よく目にする地蔵であり、仏説では地獄に堕ちた諸々の衆生を救うために六道の果てまでもおもむくという地蔵の銘文としては、およそ似つかわしくないものであった。呪咀とは神仏に祈願して恨みに思う相手を呪《のろ》うことである。いかなる理由があるにしろ、呪咀のひき合いに地蔵を出すことなどとうてい考えられないことで

である。いったい、ここで何があったのだろう。しかし、銘文は「一切呪咀霊等為善心菩提也」である。呪咀霊が、恨みに思う相手を呪おうとするその邪心を善心に立ちかえらせ、かつは恨念のために菩提を得られぬその霊を救うのがこの地蔵とすれば意味はわかるが、この地蔵造立にまで至る裏にあった事件のにおいを感ぜざるを得なかった。

立ち去りがたいままに、私はその下に乱雑に積まれた小さい石塚をたんねんにもう一度調べてみた。道から一メートルとは入っていないところにあるこの石塚は、高さ三〇センチにもみたない径一メートルほどの、山の小石を積んだものであった。四〇センチほどの地蔵には紀年銘はないが、彫りの硬さや姿態からみて明治以降のものであることは明らかである。よく見ると、これは単なる路傍の石地蔵ではなく、戒名はないがどうも墓石のように思われてならない。積んだ小石の下には、おそらくここで不慮の死をとげた人が埋められているのであろうが、その乱雑な積み方から身内の者の手になったものではなさそうである。

呪咀地蔵（毛呂山町黒山）

こうした峠に近い山道には、昔はよく追い剝ぎが出て人が殺されたなどの話が残っている。一山越えた、飯能から秩父に越える山伏峠には、秩父の市《いち》から大金をふところにした絹商人が金品を奪われたうえ殺されたという伝説が残っている。そういえば、同じ絹市で栄えた越生宿は、黒山から八キロほどのところである。反対側の飯能にも市が栄えたことがある。たんまり胴巻きにお金を入れた商人が、近道を顔振峠を越えてきたところで、追剝ぎにやられることもありうる話である。翌日、山仕事の村の人に見つけられて、近くの風影《ふかげ》の人の協力を得て路傍に埋められて石混じりの土を盛られたのが、この小さい石塚と考えることも不自然ではない。

しかし当時のこととて身元もわからぬままになっていたところ、やがてこの非業の最期をとげた人の怨念が、一人でこの山道を通る人々にさまざまの怪異を示し、その人の呪咀として伝えられたのであろう。そこで、土地の人の発意か、これを伝えきいた黒山の修験者かが、いっしょになってその現場に怨念を鎮めて怪異を断つために、この小さい石地蔵が建てられ「一切呪咀霊等為善心菩提也」の銘が彫られたのであろうか。

あたりはすっかり暗くなったので、私は供養する香華の持ち合わせもないまま、足許の石を一つ拾ってうずくまって手を合わせた。背中をすーっと冷たい風が吹きすぎていった。

急いで黒山に下り、小杉の友人の家に立ち寄って昼間のお礼を言う。顔振峠での追剝ぎの話の有無を聞いたが、山伏峠の話は聞いているが、顔振峠にはそんな話は聞いたことはない、そうした事実が幕末から明治にあったとすれば、小杉あたりの古老の口から語りつがれているであろう、という。

たしかに友人の言うとおりであろうが、しかしこの異様な銘文を刻んだ小さい石地蔵と、それの載る山石の小塚はどうみても死骸を埋めた上に建てられたものにちがいない。亡者は大金を懐ろにした絹商人なのでなく、あるいは行き倒れで身元もわからぬままに埋められたのかもしれないが、この銘文にみるからには、そこに何かの怪異があって、それを鎮めるために、あるいは修験者の協力をえてこのことがおこなわれたことは明らかであろう。

怪異といっても懼《おそ》るべき超自然の威力をもったものでなく、人間臭の濃いのも人里からそう離れたところでなかったからであろう。この呪咀地蔵あたりが、せいぜい怪奇を裏にはらんでいるにしても、人々はあっさり忘却の彼方におしやってしまったのであろう。

仙元様のお怒り

岡田　博

隠されたお伝え

埼玉県北部に㊣鐘（丸しょうつりがね）という大きな富士講社があった。村々には登山五十度というような老先達が何人もいた。

山崎村の先達は八十歳をすぎても元気に夏山のお頂上をしていた。また、節分には北口の浅間様まで行った。

先達が八十歳になった頃は、昭和の三十年代のはじめで、村の人はほとんど富士山に登らなくなり、その上に吉田の中雁丸は御師《おし》をやめてしまった。老先達はお山へ行き、中雁丸に泊めてもらっていた。

老先達のおがみはよく効いた。先達にたのみに行くと気軽に拝みに来て、護符《ごふ》を書いてくれた。特にお産の護符はききめがあって、安産で生まれるだけではなく、産まれた子は病気をせず、その上に良い子に育った。

老先達は拝んでやっても礼は何も取らないけれど、酒が好きだった。拝んで貰った家では膳をつくって御馳走した。それが先達をたのんだ時の家々の慣習になっていた。

先達の子や孫たちは、富士講が嫌いであった。爺さんはどんなに百姓仕事が忙しい盛りでも頼まれれば拝みに行き、どんなに金がない時でも夏には富士山へ行き、一銭にもならぬのに夢中になっている。

その上、村中が富士講をやめたのに、爺さん一人が続けており、それもこの頃では酒がのみたくて拝んで廻っている、と子供や孫の目には映った。

もうろくをした爺さんが、よそで酒を貰って飲まなくなるようにと、孫はある日、その祖父にもっと前から伝えられている御伝《おつた》えをかくしてしまった。お伝えがなくなれば、おふせぎも護符も書けなくなる。拝みも出来なくなると思ったからだ。

その日から老先達は、ほんもののボケになってしまった。家を出て村を一まわりして来るが、その間お歌とご文句を唱えつづけるだけで、誰の家にも寄らなかった。

お伝えを失った老先達は半年たたぬうちに世を去った。葬儀は盛大であった。参会者のあまりの多さに、家人も親類も村人も、先達のおかげを受けていた人が、こんなにもいたのかと、死んだ先達が急に偉い人のように思えて来た。

先達が死んでから、その息子たちに次々と不幸なことが起こった。病気をする、蚕がとれない、作付した野菜の値が全く付かない。家の者は、仙元様のお伝えを隠してしまったことだと気付いて、仙元様にあやまらなくてはと、隠したお伝えをさがしたがどうしても見付からず、その家の不幸はまだ続いている。

女男ヶ鼻御恩礼

銚子女男ヶ鼻の不二道孝心講
御来光拝礼の地

千葉県銚子市女男ヶ鼻には不二道孝心講が自らの手で建てた唯一の碑がある。この地は日本本土で最初に日の出の拝める場所として、不二道の信徒たちは旧暦の元旦と、六月十五日の御来迎をこの地に集まって拝んでいた。

女男ヶ鼻の不二道孝心講の日月御修行御恩礼には、例年、銚子の廻船問屋伊勢徳から、お供え物と参加者の朝食として握り飯が届けられていた。

伊勢徳は文化年間の当主伊勢屋徳兵衛が、鳩ヶ谷三志の弟子になって以来の家である。行名を篤行三智といって、不二道の旗上げとなった伊勢川上開道に随行した十三人の門人の一人で、その時の記録『川上開道記』を残している。

仙元様の御恩は有難く、第二次大戦中に銚子の船もずいぶん沈められた中で、伊勢徳の船は不思議に運がよかった。

戦後、伊勢徳の先代が没して代がかわり、その翌年の女男ヶ鼻御恩礼に伊勢徳は姿を見せず、供え物も届かなかった。翌年も同様であり、銚子の同気たちは相談しあって供え物を用意した。参会者の朝食も皆で作った。信心深い信徒たちは、女男ヶ鼻で同気にたべて貰う供え物を運べるのを喜んでいた。

あの戦争をさえ無事にくぐり抜けた伊勢徳の船の一艘が時化《しけ》にあって沈んだ。それから一年すぎぬうちに、また伊勢徳の船が座礁し船は廃船になった。創業百何十年かの歴史を誇った伊勢徳が、次々と起きる不運に、店を手離し、銚子を去るまでにさほどの年月はかからなかった。

富士塚

埼玉県川口市、蕨市付近には月三講《つきさん》の富士塚が多い。蕨市塚越の富士塚は稲荷神社の境内に築かれていた。明治の神仏分離と神社合祀令で、富士塚は崩され、土地は払い下げられ、石碑は石屋に売られたという。

この富士塚の跡は、百年近くすぎた今も空地である。払い下げを受けた者が、その後不幸がつづいて手離し、次の買い主もまた不幸続きであったという。

区画整理がおこなわれた際、その地を誰も引き取らず、図面上はその地に道路がかかったのに、村人の噂を聞いた工事関係者が恐れて手をつけず、道路はその地で消えてしまったという。

最近、稲荷様が再建され、仙元様の跡は公園になり、子供たちの遊び場になったが、今は祟りはないという。

蕨の塚越富士塚を崩したのと同じ頃、川口の横曾根の富士塚もこわされた。この塚と、もう二つ、川口市下青木の氷川神社の塚と、神根の小学校下の富士塚とは、同じ月三講の兄弟であった。横曾根の塚も、崩された時に頂上の祠も、多く建っていた碑も売られてしまった。

塚越の仙元様の石と、横曾根の仙元様の石と、双方ともに買い取ったのは、戸田のなんとかいう石屋であった。削りなおして売るつもりだったのか、石屋の前に積まれていた。それを西川口の白井という大尽の旦那が見て、仙元様をそんなに粗末にしてはいけないと、その祠と碑を買い取り、自分の屋敷へ引き取って祀った。

仙元様のたたりはその石屋に出た。親父は怪我をする、娘は気がふれる、息子は白痴が生まれ、とうとう一家は絶えてしまったという。一方、仙元様の祠と碑を買い取って屋敷内に祀った白井家はますます栄えている。

書き入れた土地

北区十条の「お富士山」は、正式にいうといわゆる「富士塚」ではないらしい。江戸時代に富士講徒が築いた富士塚よりも、もっともっと古い時代、中世の富士信仰の富士山遥拝所として築かれ祀られたものである。

この十条のお富士さんは、もとこの地に中世から住み続けていた醍醐さんという豪家の持ち物であった。この家は、昔ある天皇の皇子が関東へ下り、その子孫が十条へ住み着いて醍醐姓を名乗ったもので、お富士さんだけでなく、お寺の開基でもあり付近一帯に勢力を持ち、土地の住民をわが家の家来のように思って来た。

江戸幕府治下になっても醍醐家は栄え続けて、菩提寺もお富士さんも醍醐さんの持ち物のようであった。明治維新になり、租税の仕組みが変わり、土地を一筆ごとに測量しなおして、所有者に地権が発行されることになった。

それまで、お寺も浅間様も幕府から除地とされており、広い境内が無税であった。それをそのままにしておくと、土地はお寺のもの、また浅間様のものとなって、いままでのように醍醐さんの思うままには行かなくなる。その上、広すぎる境内は「官地」になって没収されてしまうらしい。そこで寺は寺域だけ、浅間様は塚だけを残して、他はすべて自分の土地へ書き入れて申請した。

醍醐さんの申請はそのまま認められて、お寺は門前の土地と参道だけを残してすべて醍醐さん名儀になり、浅間様も塚だけの「お富士さん」になった。

それから数年がたち、長い間十条に栄えて来た醍醐家に不幸が続き、次々と土地を手離し、「十条の王様」といわれて来た名家も絶えてしまった。

十条の富士講中は、講元の醍醐家がなくなった後も、結束して信仰を続けて来た。お山が頂上のわずかな土地以外個人持ちであり、その上所有者があいまいになり、国有地になろうというとき、講とは別に「十条富士保存講」を作って資金を集めて、お富士山を買い取って自分たちの「お富士山」にした。

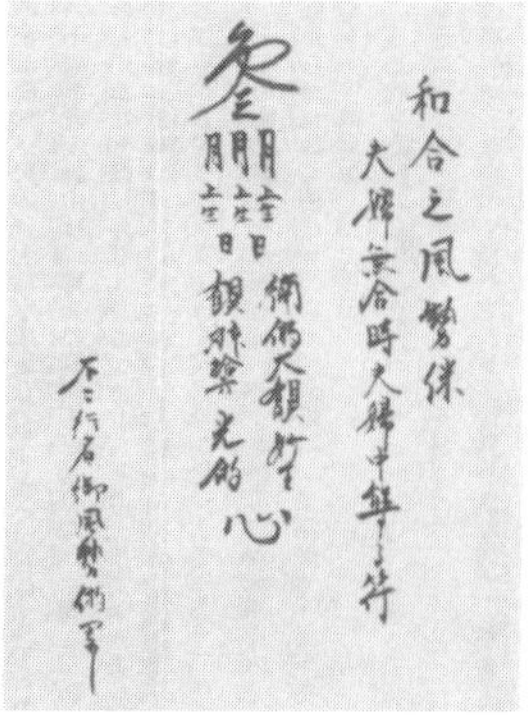

不二行者御風勢侑書写（埼玉県川本町、大沢周平家蔵）

十条の富士講はその後も続いて、滝野川に本拠をおいて栄えた(参)講が、講元石山六兵衛家の衰微から講自体も消えて、今では(参)講の「伊藤講元」は十条の富士講を指すようになっている。

富士先達の加護

明治十三年（一八八〇）四月、埼玉県北埼玉郡小見村（現在、埼玉県行田市）の一農夫が畑仕事をしていると、眼前を一匹の狐が横ぎった。農夫は仕事をやめて狐を追った。隣畑にいた農夫も共に追いかけて行くと、狐は近くの真観寺境内の古塚の藪の中に消えた。

二人が狐の消えたあたりを見ると、一つの横穴があいており奥深いらしい。二人は狐をつかまえてやろうと入口を崩すと、中は人の入れるほどの広さになった。その穴にあかりをつけてもぐって行くと、石で組んだ室《むろ》があり、兜や大刀、金色に輝く何やらが見えた。

驚いた二人はいそいで村役場へ届け出た。村役場から郡役所へ、郡役所から県庁へ、県庁から内務省へと、古墳石室内の遺物発見が報ぜられた。

数日後、内務省から大書記官・町田久蔵、元太政官修英館編集副長官・重野安繹、後の法制局長官・井上毅の三人が出張、現地で集めた作業員を指導して発掘が行なわれた。

出土品は金環三、大小剣各一振り、兜《かぶと》一領、鎧一領、金色食器一個、矢の根およそ大樽一ぱいがあった。その出土品はすべてその筋へ差し出し、明治十七年になって「霊跡地」祭典の旨が命ぜられ、金七十円也が内務省から下付された。

その金七十円は、一応の「おきよめ」をして、残りは当時の関係者の慰労に使われ、「応分の取斗い」が行なわれた。

それから七年、明治二十四年の秋、小見村の隣村荒木村の富士先達市川愛助行者のもとへ、困り果て、物におびえたような小見村の農民数人が願いがあってと訪ねて来た。先達が話をきくと、真観寺の古墳を掘ってからは関係者に悪いことが続き、不慮の災難を受ける者が後を絶たない。皆今度は自分の番かと怖れおののいているので、先達の拝みで救ってほしいといった。

ちょうどその日、市川愛助宅に一人の客人が居合せた。その人の名は田辺調《みつぐ》、富士山北口浅間神社御師数珠屋、旧幕時代には田辺摂津と名乗っていたその当主である。傍らで小見村農民の頼みを聞いていて、捨て置き難いことであると市川先達への手助けをかって出た。

富士山御師田辺調先生は国学の素養があり、古代史にくわしかった。皆が災難を逃れるには、古墳の霊を慰めることが第一であるが、そのためには、そこに葬られているお方がどなたであるか知らねばならぬとした。そうして史書の中から、小見村に葬られ祀られた貴人の名を求めた。当時の日本古代史といえば『古事記』と『日本書紀』のみで、祀られた人の名はすぐに確認された。

明治二十四年十一月二十五日、その二年前近辺三村が合併して発足した北埼玉郡荒木村村長以下、大字小見の村民数人と、神道扶桑教先達・市川愛助、神道扶桑教中講議・田辺調と連名で、内務大臣品川弥次郎宛に提出された「報国霊社」創祀願書に、田辺調は祭神について次のように書いている。

是ニ於テ察スルニ該霊跡ハ人皇十代水垣宮祟神天皇ノ御世ニ、御父　開化天皇ノ詔ニ、豊城入日子命、東海拾弐ケ国ヲ治ベル旨詔ヲ冠リ、依テ命《ミコト》其国へ御下向在セラレテ、暫ク此星川ノ辺ニ仮宮ヲ建テ政事治メ給ハル御事ナルヲ、余人等ハ此ノ霊跡ハ毛国ニ在ベクニ、今始テ武蔵国ニ在トハ疑ハシキ義候ヘ共、上古ハ利根川現今前橋地方ヨリ深谷・熊谷・忍・行田・不動岡地方ヘ流レ赴キ、此頃別ニ堤防無之大洪水毎ニ川瀬変動有ル由ナリ。

このような理由から、古墳の主は開化天皇の皇子、豊城入日子命であるとして、その御霊を安んずるため一社を創祀すべきであると建議して、その場所を古墳近くの官地内に定めて、官有地永代使用許可願いを添えての、神社創建を申請した。

報国霊社は敷地五坪ほどの小社で真観寺古墳の一角に建てられ、そのおかげで村民への祟りは治まったという。それより富士講先達市川愛助の名は広く知られるようになり、現在埼玉県で最大の富士塚として知られる志木市本町の田子山富士塚の築造発願者、志木の酒造家で富士講先達高須庄吉氏に招かれて移住し、敷島神社の神主となった。そして境内の田子山富士塚を守りながら、神主だけでなく養蚕教師や農業技術指導など、農業発展に努めて一生を敷島神社で過ごしたそうである。

小見真観寺古墳出土の品々は、現在東京上野の国立博物館に所蔵されており、昭和五十七年発行の『埼玉県史』資料編第二巻に「蓋及脚付銅鋺」「銅鋺」「椎頭大刀」「衝角付冑」「挂甲小札」「刀子・鉄鏃」の写真が掲載されている。けれども、古墳に葬られた人については全くふれていない。現在の見解では古墳の築かれた年代は七世紀と推定され、かの田辺調説より大分下る。

丹沢の山霊・あとおいこぞう

佐藤 芝明

おおさむこさむ (きたかぜふいて)
やまから こぞうが とんで来た

子供の頃、初霜を見る季節になると、山村に育った人達はこのような「わらべうた」を口ずさんだ記憶を持っていたことであろう。この「わらべうた」の正しい由来はさておき、これがうたわれた気候風土の最も適した地方は関東西部ではなかろうか。もともと関東西部の山岳地帯に伝えられた「うた」が次第に洗練され、形式が整えられて現在の「わらべうた」に醇化されたと考える。もちろん、これは丹沢(東部丹沢)の山村の気候風土に育まれた私のふるさと愛着心からおきたえこひいきで、誤っているかも知れない。

寒い季節になり山々が白雪に被われ、真空のような澄んだものさみしい世界が広がってくると、西風や北西風が高い山脈から吹きおろしてくる。そして高い山々にいた山霊の「やまこぞう」が風に乗って村や山にとんでくるのである。この吹きおろしの風は「からっかぜ」となり、容赦なく関八州の人々を苦しめ冬の到来を悟らせる。

関東地方では「赤城おろし」、「秩父おろし」、「丹沢おろし」などがある。このおゝゝしと言う語のつく山名を拾ってみると、六甲、生駒、伊吹、比良、八ヶ岳、蔵王、吾妻など無数にあり、呼び方も様々あろう。

現在のようにマスコミの発達していなかった時代に、狭い閉鎖的な山村では何か新しい刺激を日常生活に取りこんで行こうとする傾向が強かったのである。このために、寒い山の吹きおろしさえも「やまこぞう」として遊びや生活の中にとりこんでしまったのだろう。

「やまこぞう」は季節の良いときは山に戻ってしまう。このわらべうたは、山おろしに乗って来た「こぞう」が里に来て遊んでいるから、寒さに負けずに、「里の子など」も元気にいっしょに遊べとでも言っているようである。

さて、山霊「あとおいこぞう」は、山に入った人々のあとを追ってやってくる。しかし、言葉を発したり、物音を立てたり、足跡をつけたり、人に害を与えたりはしない。また、いつも、後から追ってくるのではなく、前を道案内するように歩くこともあるが、林の中や、川原・沢の中、岩場などに現われることもある。時間は一般に午後の方が多いと言うことを古老から聞いたことがある。

あと追いの行動は一貫性がなく、こぞうの年齢は四～十歳くらいまでであるが、時には十五歳ぐらいの青年でもあり、こぞうの着物は、「かすり（絣）」、「毛皮」、「ボロむしろ」であったという。昭和の初めごろまでは、山岳移動者の子供が里人の前後に現われたこともあり、山霊と区別できなかった。山中で人の気配を感じて振りむくと、すうっと木や岩の陰にかくれてしまうのである。

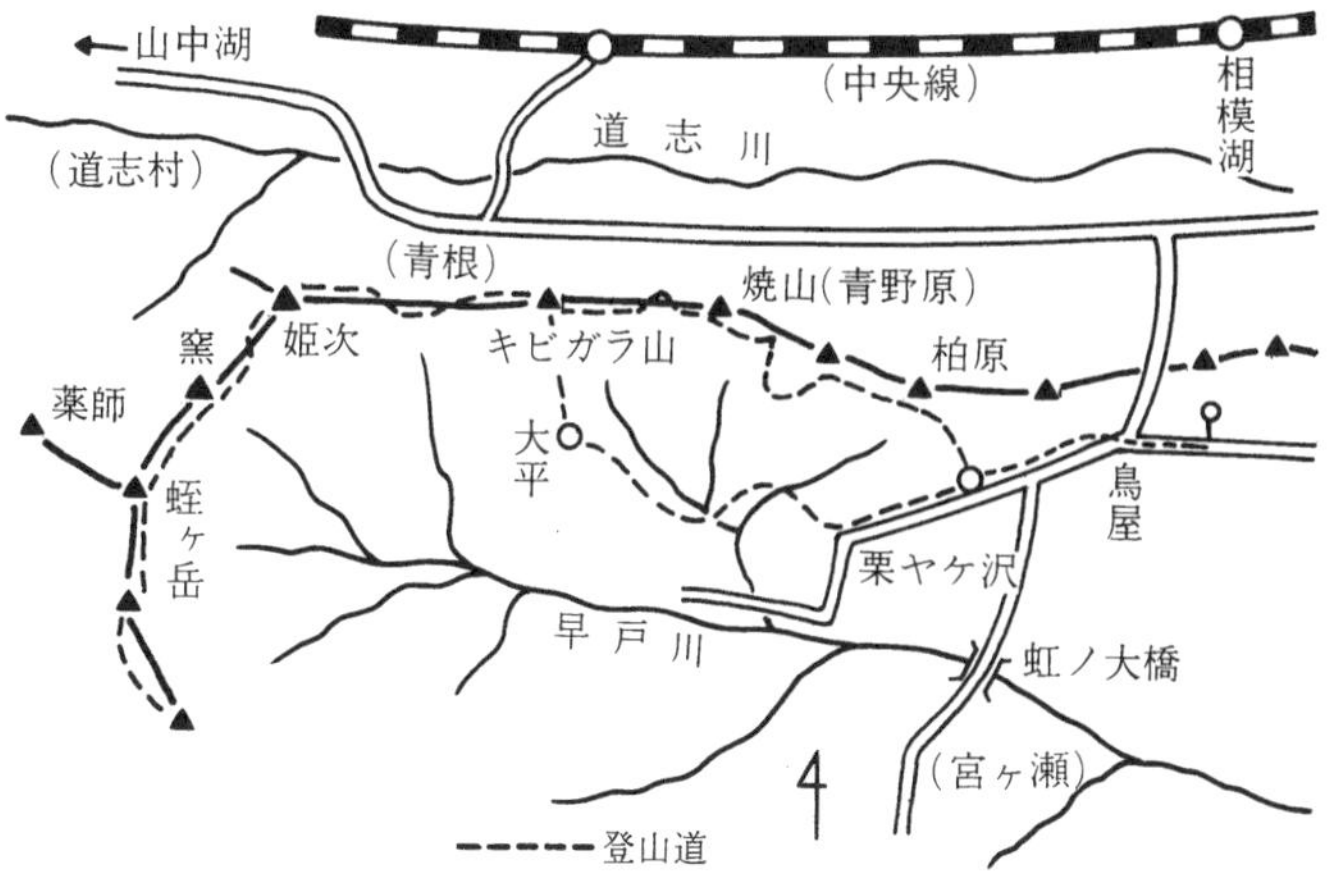

何度も現われた場合には、岩や木の切株の上に持っていた握りめし、ほしがき、あめ玉、さつまいもなどを置いて来たという。もし、「あとおいこぞう」が自分の亡くした子供の霊ならばと思って置いて来たそうだ。

深山や夕暮がせまった山中で、突然、人と遭遇することは不気味なことである。そうした場合、数人よりたった一人に、男性より女性、成年より老人、老人より子供に遭うと気味が悪い。山中で夕暮近く、子供一人に出会うことは最も不気味である。深い山の中に子供が一人でいることは異常だからであろう。

第二次大戦中のことであった。子供の私が「山の霊」と間違えられたことがあった。働き手のなくなった山村では、小学四年でも山中に入り仕事をした。家から二時間近く離れた村境の山に、牛の餌になる青木の葉を採りに行き、モミの原生林から尾根道に這い上ってくると、ワラビ採りの大人二人が離れた所に立ちどまっていた。こっちが進むと後ずさりしていった。草原状のところまでくると、はっきり確認できたらしく笑いながら語りかけて来た。「あまりおどろかせるなよ」「やっぱり子供じゃないか」「こんな山の中に一人でどこから来たの」と言った。隣村からだとわかると、大人達は「山の霊」かと思ったと言い残して足ばやに去って行った。そのときは山の霊とは何か私は別に気にもしなかった。

東丹沢、鳥屋《とや》村の大沢岩松さんは、炭焼きのため平常の作業日には毎朝午前二時に起きる。五食分の弁当を「セイメンパ」という杉のワッパで作った弁当箱につめてもらうと、「ヤセンマ（背子）」に炭俵やワラなわといっしょにこれをくくりつけて村里の家を出た。約一時間で柏原《かしばら》という広いカヤトの山に至り、次の一時間で焼山に、さらにもう一時間で姫次を通り、午前六時頃に薬師岳の『炭小屋』に到着したようだ。小屋に着くと湯をわかして、朝食に当たる一食分の飯を食べ、作業に着手するのである。午前十時頃になると、早昼飯をとり作業を続行、さらに午後二時近くに遅昼飯を腹につめこむと、三俵の炭を背負って尾根道を帰路につく。帰り道も焼山下の青野原分岐で一食分を腹につめこみ、夕方の六時前後に家に帰るのである。

大沢岩松さんは、高度差で一三〇〇メートルの山を毎日登り下りしたことになる。岩松さんの歩く速度は平坦地も急坂も同じ速さで、子供では駈け足でないといっしょに歩けなかったという。

ある初冬の頃であった。岩松さんの窯留（カマドメ・炭窯の空気を絶つ）は早朝の四時頃と推定されていた。岩松さんは夜の十二時頃に家を出た。背子には炭俵六枚とワラなわ、セイメンパが風呂敷に包んでくくりつけてあった。岩松さんの山着のふところの袋（ポケット）には、火種のカイロ、なわローソク、小さな「ガンドウ」が入り、腰には使いならした「さやなた」がくくりつけられていた。家を出てから村里の道は星あかりで歩くことができたが、栗焼沢《くりやけ》に入ると杉木立の間から星空が少しちらついて見えるだけの真暗闇の道となった。

その時、近くの森の中で突然、「ギャーッ、ギャーッ」と不気味な鳴き声が起こった。それは赤児でも踏みつぶしたような野ギツネの鳴き声であった。「コン、コン」とは鳴かないキツネの鳴き声に、今夜はキツネが何かにおびえていると岩松さんが思ったとたん、急に寒さが増して来た。岩松さんは手さぐりでふところから火種となわローソクをとり出して火をつけた。なわローソクは線香四、五本の明るさであったが、暗い山中では結構役立つし、ローの嗅気があたりに拡がって、森林内の動物達を遠ざける働きもあった。

岩松さんが近くに住んでいた鳥屋の農家

三十分ぐらい森の中を登ると、ゆるいカヤトの広がる柏原の裾に出た。空には満天の星がかがやいていたが、月がないため足もとは暗かった。岩松さんは、いつにない寒さにいやな晩だと思って歩いていた。ふと、前方の小尾根を見ると、ぼーっと明かりが見えたと思うや、それは尾根を越してしまった。御嶽さん（行者が時々丹沢の尾根を歩いていた）が駈けぬけの行をするため夜行をしている明かりだろうと思った。やがて柏原のはずれにある御嶽権現社の石祠の前を通って松林に入り、風巻《かざまき》という山が半円形に屛風のように西に向かって切り立つところに出た。ここは西風が吹くと強烈な風の渦巻を起こす所であった。山肌は急な岩壁で、その中腹を道は縫うように伸びていた。

するど、半円形の谷の対岸に一人の子供が、ちょうちんを持って歩いているのが見えた。岩松さんは、左手下の倉沢で炭焼をしている人の子供が何かの急用で、小屋に泊っている父親の所に来たのだろうと思った。やがて尾根道を青野原分岐に至り、老松の根元に腰をおろして一休みをしたが、先ほどの子供のことが気になり、下方の倉沢の谷を注視してみたが明かりは見つからなかった。眠気が少ししたので目をつむると、そのまま眠ってしまった。

やがて、寒さと人の気配を感じて目を覚ました。暗い下方の道に明かりがあり、ぼんやりとした子供の像が見えた。岩松さんは全神経を集中して見つめたが、まぎれもなく七、八歳の子供であった。そこで、なわローソクを振ってみると、すっと物陰にでも入ったように消えてしまった。この間、どのくらいの時間が経過したものかわからなかったので、暗闇の中で耳をすましたが、風の音もなく倉沢の沢音も耳に入って来なかった。岩松さんは水音（みなおと）が切れたと思った。冬期の夜、明け方に気温が最低となる頃、沢水が一時的に結氷して沢音がなくなることがある。この現象を「水音が切れる」といい、時間を知る手がかりとしていたのである。

すっかり平静さを失っていた岩松さんは、ふところからガンドウを取り出して火をつけた。ガンドウを持って足元を明るくすると、焼山直下の急坂を登り、「実見坂」という道に至った。後方をふり返ると、また子供の明かりが見えた。ガンドウを振ってみると、すっと消えるように暗闇となった。ヤブの多い赤松林に入り、焼山尾根に至ったが、後ろに子供の明かりはなかった。

少し気をとりもどした岩松さんは、今、何時頃か、水音が切れたことを思い出すと、窯留めのことが不安となった。道志川沿いの集落を木の間からのぞくように見たが、朝食の準備の明かりは全く見えなかった。時計がないので岩松さんは歩くことにより時間を測っていた。しかし、今夜は途中で眠ったことと「子供」のこととで、いつもの感覚が狂ってしまっていた。長い山での経験を通じてこんなことは初めてであった。しかたなく尾根のヤブ道をかきわけながら進んでいると、今度は前方に明かりが現われた。岩松さんは呼吸を整えてからガンドウを高く持ち上げて叫んだ。

「おーい子供さん、きこえるか！」

子供はまた、すーっと消えてしまった。岩松さんは無意識に手にふれた木の枝を折ると、さらにヤブの中を進んでいった。途中、右手に使い慣れた「さやなた」を抜き、ガンドウの光に映った腕ほどもある木を一振りのもとに切り倒した。これは戻るときの道標とするためであった。暗い星空に黒々と盛りあがったキビガラ山が立ちふさがるように見えた。木を一〇〇歩ほどの間隔で倒しながら山頂に登り、下方の青根村を見たが、まだ朝食の炊事の火は見えなかった。

それから八丁坂に至るまで、前方に明かりと子供が二度現われた。八丁の頭に着き、橅《ぶな》の大木や樅《もみ》の木がガンドウの光に映し出されると、岩松さんはかなり落着きをとりもどしてきた。やがて強風で痛めつけられた短いスズタケ道となった。ようやく姫次に来たことを知って、

薬師岳近くの春雪の林（岩松さんが炭を焼いたという）

心にゆとりが出てきた。前方に明かりが見えたが、絵勢沢（いせ）の谷に落ちるように消えた。霜がまっ白に被った地面に明かりをかざしてみたが、何物の足跡もなかった。原小屋（昔は柴小屋があったという）を過ぎると、岩松さんの窯から出る煙の香が漂ってきた。これは酸味と甘味と、こげる香ばしい味を鼻と口に残すものであった。

薬師岳の窯場（十年ぐらい前までは窯跡のへこみと炭くずが登山道の傍に見えた）に着くと、まだ白い煙が混じっていた。岩松さんは火をおこし、湯をわかして腹ごしらえをした。時間がくるまで、炭の俵づめをしながら待っていた。窯留めが終わると、ようやく朝日が姫次にさしてきた。スゴ（炭俵）の上に横になって、暖をとりながら独り言を言った。「あれが世間で言うあとおいこぞうか」。それから、小屋のせんべいぶとんをかぶって、ぐっすりと眠った。木を伐り始めたが、木の陰に「こぞう」がいるような気がして、大ナタを振る手に力が入らなかった。結局、この日は午前中に二俵の炭を背負って早帰りとなった。

帰り道はゆっくり歩いて、自分の歩いた跡を辿ってみた。尾根道を中心に、相当のジグザグ歩行をしていたことがわかった。そのうえ不思議なことに、さやなたで伐り倒した木々は道からはずれた林の中に見つかったということだ。また、その伐り倒した木の所で方向転換をしていたこともわかった。もちろん、スズタケも相当苅ったように上方の葉が落ちていた。焼山を下りた青野原分岐の老松の根元には、岩松さんが捨てたなわローソクが落ちていたが、霜の水気で自然に消えていた。三尺ほどのなわローソクには八つの結び目が残っていたが、どうして結び目があるのか自分でも分からなかった。柏原のはずれにあった御嶽権現社の石祠には小供の絣の小袖が一本置いてあった。岩松さんは、セイメンパから残った麦飯と梅干を朴の枯葉に盛るようにのせて供えた。

家に帰るとおかみさんが、「夕べは寒くて、いつもより早く水音が切れ早起きをしてしまった」と、話すのだった。

八ヶ岳マモノ沢の犬隠し

小林増巳

私の父は十七、八歳ごろから山猟が好きで、結構名のとおった鉄砲うちでした。この地方の老人達は、山猟をする人のことをハンターとは呼ばず、いまでも「鉄砲ぶち」といっています。しかし当時でも父やその仲間達は、「鉄砲ぶち」の呼び名は下手くその感じで嫌だ、俺達は「猟師だ」と言って意気がっておりました。そんな父のプライドめいたものは、昔、村の名主をした曽祖父が藩の奉行から火縄銃を預かり、田畑を荒す猪や鹿を駆除する役目をしていた、という経歴があったからかも知れないのです。

ともあれ戦後四十年、父から習った「猟師の本領」なるものを身につけて、私も山猟に親しんでまいりました。その間、父やその仲間の先輩達から習い、そして自分の体験を通して覚えた、猟の方法や掟、鳥獣の習性などの数々や、古くから地元の山々に伝わる怪異伝承などについて、常々何らかの折に是非語り残したいと考えておりました。

そこで、こうした怪異伝承のうち私が実際に体験したものを一、二、ここにお話しいたしましょう。

八ヶ岳の信仰遺跡

八ヶ岳につきましては以前、『あしなか』誌に名称の起源や祭神、山岳信仰の歴史などについて、その調査研究のあらましを書きました。

八ヶ岳は戦後、三〇〇〇メートル級で誰でもが登れる人気の高い山です。現在、南は権現岳から北は蓼科山《たてしな》までを通して八ヶ岳と呼んでおりますが、国土庁の図には「八ヶ岳連峰」と書かれています。また明治二十年代の参謀本部測量図には、赤岳以北を除く立場川南部に、「字八ヶ岳」と書かれています。さらに明治十三年長野県が教科書として発行した『信濃国地誌略』という本に、「赤岳の南に八ヶ岳あり」、「名称のもとは、峰が八起するにあり」と書いています。

さて、その八起する各峰の名称とは、江戸後期から明治初期に描かれた数点の八ヶ岳絵図には、東南から「権現岳、薬師岳（現在の権現岳）、阿弥陀岳（同、ギボシ）、キボ石岳（同、西ギボシ）、虚空蔵岳、地蔵岳、編笠山、西岳」と八峰の名が明記されています。

一九七八年、私が町史編纂専門委員の時発見された「乙事村重宝八ヶ岳之図」という大絵図には、前記八峰の名称のほかに権現岳南側に洞穴らしきものがみえ、そこに両端のはね上った大きな棟木を乗せた屋形が描かれ、その後に天空に向かって両手を広げて伸ばしたようにそそり立つ、逆八裂の大岩が描かれていました。麓の下の方には太い赤線で、甲州街道（国道二〇号線）が描かれ、中ほどに麓の村々があり、村落の上に中太の赤線が一本横に引かれ「棒道」と註記があります。この道は戦国時代甲斐の武将・武田信玄が、あの有名な川中島合戦に備えて特設したと伝えるものですが、その棒道端に「仏供石」と註記のついた大きな石が描かれ、細い赤線がそこで棒道と交叉し山の頂上に向かっています。

さらに註記を読んでゆくと、「一ノ坂、二ノ坂、三ノ坂、六道原、清水山ノ神（通称長命水）、馬留、西岳、ノロシ場」、このノロシ場の下部に赤い鳥居が描かれています。ノロシ場の側に「地蔵岳」、少し登って「虚空蔵岳」とあり、道はここから薬師岳に登らずに南に向かって下ると、洞穴のある大岩をくぐり抜けます。そこに「たいないこぐり、ノロシ場ヨリ是迄七丁三十六間」と書いてあります。胎内くぐりを抜けた道は斜めに登り、権現岳の神社で終わっている。また別に先の六道原に「一ッ石」と註記される大石が描かれていて、その上部で前記山道（参詣道）と交叉するいま一筋の縦道があり、これは編笠山に直行しています。

八ヶ岳の遠望

八ヶ岳に山岳信仰があったことを示すこの重要絵図の発見を契機に、富士見町文化財審議会が本格的調査に乗り出し、私が現地調査と検証の仕事にあたることになりました。多くの人たちの助力をえながら、五ヵ年にわたった調査の結果、重大なことがわかりました。その昔、この山に大自然が創りだした極めて神秘的なたたずまいを開山行者が発見し、以来「八葉蓮華の胎蔵界マンダラ」の世界を八ヶ岳に築きあげていったのです。つまり別掲「八ヶ岳霊場構成図」（左）のような霊山の内容が明らかになったのです。

ところで、諏訪信仰遺跡の発掘に従事された金井典美先生の研究著書『諏訪信仰史』の中で、

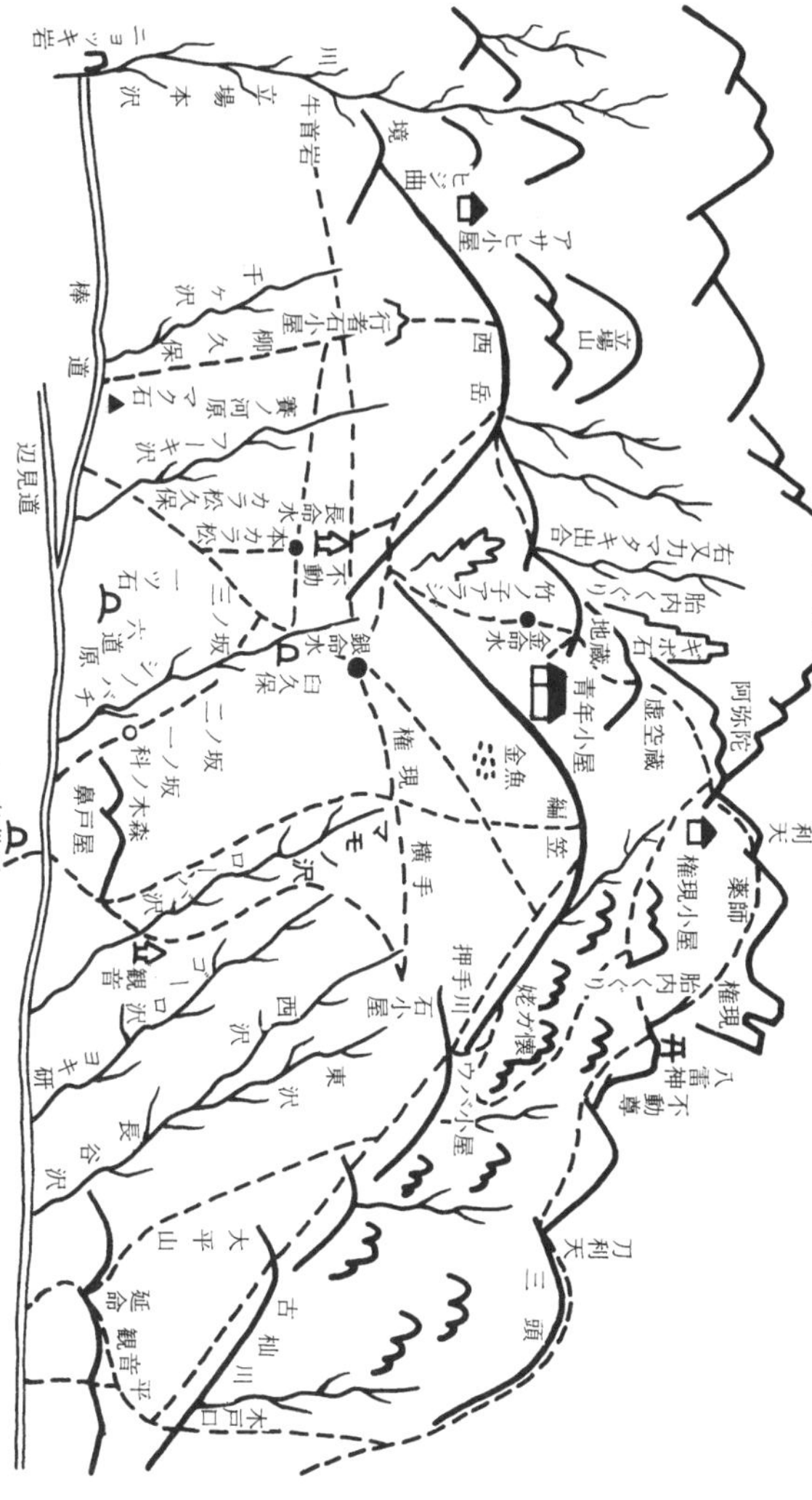
赤岳
阿弥陀
虚空蔵
刀利天
薬師
権現小屋
胎内くぐり
権現
八雷神不動尊
刀利天
三頭
大平山
延命観音平
古杣川
木戸口
長谷沢
ヨキ研
ゴーロ沢
観音
西沢
東沢
石小屋
押手川
ウシ小屋
姥ガ懐
横手
権現
マモノ沢
ローソク沢
編笠
金魚
青年小屋
地蔵
ギボシ石
胎内くぐり
右又カマタキ出合
竹ノ子ナマラシ
金命水
銀命水
白久保
不動
長命水
カラカラ松
カラ松久保
三ノ坂
二ノ坂
一ノ坂
科ノ木森
鼻戸屋
仏供石
六道原
シンバチ
ツンボ石
西岳
立場山
アサヒ小屋
ヒジ曲
境
牛首岩
行者小屋
柳久保
千ヶ沢
マクキ石
河原ノ木沢
襄ノ木沢
立場川
本沢
ニョッキ岩
棒道
辺見道
八ヶ岳参道見取図

諏訪神社に関する古文献を引用し、八ヶ岳は諏訪神社の遥拝山で、かつて神仏混淆時代には「霊鷲山《りょうしゅせん》」と呼ばれたのでは、と述べています。

専門書によると、霊鷲山とは中国の訳語であり、元はインドのサンスクリット語（梵語）で「耆《ぎ》闍岐山《やつくせん》」と呼び、王舎城という所の北東に当たる山の名で、釈尊が説法をした有名な場所ということがわかりました。中国で「霊鷲山」と訳されたのは、この山が大鷲の姿に似ているからというのです。

これは全く驚いたことです。諏訪神社下社御射山の神体山は「鷲ヶ峰」であり、上社御射山の神体山は「八ヶ岳」であるのです。いま諏訪郡富士見町境字鷹之巣田浦に立って、編笠山を中心として、左に西岳、右に権現下の三ツ頭山を両翼として眺めるとき、そこにはまさに大鷲の姿が迫ってくるのです。

そしてさらに、インドの「耆闍岐」の麓には「鹿の苑」と呼ぶ所があり、たくさんの鹿が群れ遊ぶ園生の中で釈尊もまた一時を楽しんだと伝えられます。ここ八ヶ岳の南麓には、一時期日本鹿の棲息数は三百頭を超えると営林署が発表したことがあります。しかし、戦後数年して棒道上方は「鳥獣保護区」となりました。

八ヶ岳の犬隠し

ところで、この山が日本鹿禁猟となる頃までは、鹿や猪を目的とする大物猟に使う犬は、すべて日本犬に限られていましたから、その行動半径はおよそ一～二キロメートルほどでした。それが、昭和三十年代頃から洋種の大型犬が輸入されだして、その行動半径は三〜四キロメートルに拡大されました。

そこでいよいよ「八ヶ岳の犬隠し」の話です。別掲見取図でみると、ローバ沢の上部に「マモノ沢」と註記された所があります。このあたり権現横手から上部は原生林で、マモノ沢の奥は昼なお暗い鬱蒼たる所で、樹下は火山弾の大石が重なり合い、踏めばふわりと足が沈みこむような何千年とも知れない苔に覆われています。猟仲間の言い伝えで、大昔から鹿を追った犬がここに入れば帰れない「犬隠し」という所だそうです。禁猟区となってからも、行動半径の大きい洋犬は下の猟区からここに鹿を追い込むことはしばしばですが、たいてい戻ってこれません。

猟友平出藤春氏の猟犬ふじも、何回かここに入りこんだまま帰れませんでした。翌日現場まで主人が迎えに行って連れ戻す以外にないのです。あるとき、私は平出氏とともに、ふじを連れ戻しに行ったところ、そこに迷いこんでいた黒毛の雑種犬に出会いました。この犬は何度追い払っても私についてきて離れませんので、「黒」と名づけてやがて病死するまで家で飼いました。

マモノ沢の奥はただ原生林のうす暗い中で別に帰れないほどの危険性もなく、食べものなど全くない所です。犬の飼主も一度は、不思議だなァ、と考えても度重なると、あそこはそうゆう所なのだ、と思うようになるらしいのです。実に不思議な場所です。信仰の山のなせるわざ、と言ったら笑われましょうか。

魔留《まる》滝《たき》沢の犬隠れ

駿河湾にそそぐ富士川は、山梨県の韮崎市付近から上流は「釜無川」と呼び名が変わり、長野県諏訪郡富士見町で県境を形成します。その源流は南アルプスの北端の鋸岳が、山岳信仰の山である駒ヶ岳と接するあたりから発しています。甲斐駒ヶ岳の祭神は「大己貴命」であり、奥の院摩利支天山には「手力雄命」が祭祀されています。開山は文化十三年（一八一六）で開山行者は長野県諏訪郡上古田村の人、名を権三郎といいました。苦業の末、修験行者となり、「延命行者」と呼ばれましたが、後に神道総裁有栖川一品織仁親王殿下より「弘幡大神」の称号を下賜されたといいます。また、麓横手村の前宮神社境内に「駒ヶ岳開山功徳院」「威力不動明王」の二碑が建立されています。

さて、問題の「魔留滝沢」は、七ツ釜、松尾などの駒ヶ岳参道に沿った釜無本谷の奥から三番目の支流、黒川にあります。この地方では昔から急流の川がつくりだす小さな淵のことを、ドンドン淵と呼んでいます。こうした小川の名前に百百川《どうどう》というのをみかけます。つまり、黒川の魔留滝もそんな感じの淵なのです。

淵の左岸に小沢があり、小沢の南尾根が淵に突き出すあたりに獅子頭のような大岩があります。黒川の流れはこの先で左岸の方に屈折します。黒川を遡れば、奥は重畳たる閃緑岩のみごとな景観です。その奥に見える山が七ツ釜を懐く大岩山です。右側からは高見山の山稜が迫り、左は水晶岩を懐く松尾の尾根がこれに突き当たる所が黒川の源です。ここと大岩山との間に青空が透け

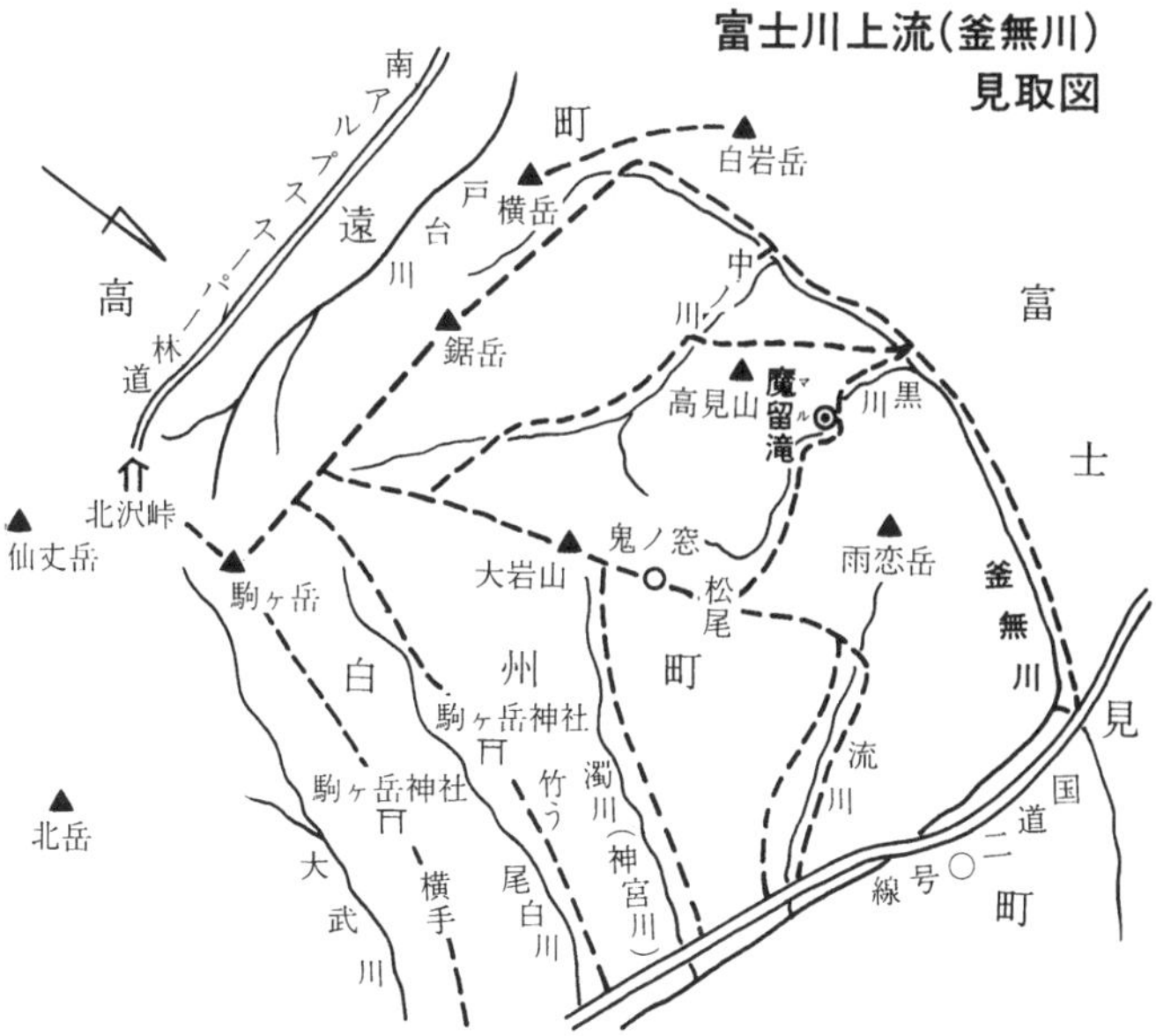

てみえ、そこを昔から「鬼の窓」と呼んでいます。

魔留滝沢の犬隠れ、これも八ヶ岳のマモノ沢と同じ犬隠し伝承が古くから語り継がれてきたようですが、どうしたことかここの場合は、「隠し」と言わず「隠れ」というのです。やがてその謎が解ける日がやってきました。

冬の熊猟は、まず山に初雪がきた日から始めます。奴（熊）が食べものを求めて歩いた形跡は初秋のうちに調べておきます。ことに栗の実、楢の実、ブナの実などの食べ跡は、人の腕ほどもある大枝を奴はポキリとみごとに折る特技をもっていますし、冬籠り近くなると、きめた所に脱糞します。これを、熊のため糞といいます。

初雪についた奴の足跡はその冬籠り場所を人間に教えることになるのです。ちなみに、月の輪熊が冬籠りのため岩や大木の穴に入るのは、冬至の日を境にするといわれております。猟師がこの跡をつけるときは、心ず草鞋か藁で作った雪靴をはくのがよいとされています。雪の上についた奴の足跡は、ちょうど馬の藁靴に似かよっているからです。つまり、奴に悟られない用心なのです。

十一月の初雪を踏んで私が釜無山へ入ったのは、たしか昭和二十六年の記憶です。夜半小用に起きた私は、月明かりに小雪がちらついているのに気がつきました。初雪になるかと早起きしてみると一〇センチほど積り、晴れていました。早速日帰りの猟装を整え、前記黒川の目的地に向かいました。このときの猟犬は茶色中形の甲斐犬で、四肢がわずかに白毛なので名前を「四ツ」と呼んでいました。甲斐犬が他種に秀でた点は、極寒に強いことと、周知のように〝一代一主人〟といわれ、最初の飼主を終生忘れないということです。

私の家から現地まではおよそ一二～三キロメートルの行程ですから、その日は浅雪で歩きよく、午前十時頃黒川口に着いたと思います。日向の斜面は雪がほとんど解けていましたが、魔留滝沢付近は五センチほどの雪があり、川辺の石には氷が張っていました。熊の足跡はみられないので雪靴と履きかえることもなく、ゴム長靴で歩いていた私が、あやまって川辺の石車に乗り、前のめりに倒れこんだ拍子に驚いた四ツは、私の手から引綱もろとも飛び出し、そのまま解放された嬉しさからか、左岸の斜面を駆け上って行きました。ところが、偶然にもそこが犬隠れの魔留滝沢だったのです。実に悪い偶然でした。そして四ツは私の前から四時間も姿を消してしまったのです。私は父から、ここで犬が姿を消したら絶対に呼んではいけない、と言われており、またそのときは大火を焚いて、煙をたくさんあげることだとも言われていました。私はその通りにして、じっと四ツの帰りを待ちました。

冬至に近い日は、ちょっとしか陽の射さない黒川は午後三時と言えば光は薄く、早くも夕景が迫るのでした。いまここを発っても六時過ぎにやっと帰宅か、と考えていたとき、かすかな遠ぼえの声を聞いたような気がしました。四ツは牡犬で、時には狼のような遠ぼえをすることがあったのです。しばらくあちこちに目配せしていると、五〇～六〇メートル上方のブナらしい大木の根元の方に姿をみせたのです。しかし、呼んではいけない、心がはやるのをじっと我慢し、四ツの方を見まもっていました。四ツも私の方をみてじっと立ちどまっているようでした。そうだ、犬は音楽が好きなはずだ、そう思った私は、いつも腰につけている銃の薬莢《やつきよう》で作った呼子を吹いてみました。「ピーッ」、その瞬間四ツは、「ウォー」と遠ぼえをしながら方向をかえて上方に駆け上り、そして直ぐに止まって振り返りました。呼子をまた吹く、再び遠ぼえ、そして上方に駆けのぼる。それを三度繰り返す間にとうとう四ツの姿は消え、五度目ぐらいにその遠ぼえも聴きとれなくなってしまいました。

釜無渓谷黒川の魔留滝

致し方もありません。持っている食べ物全部を大岩の陰に置いて、私は帰途につきました。次の日から六日間晴天が続きましたが、私は心にかけながら木の葉掻きや薪木取りで入山できません。

それから一週間目、とても暖かい日和でした。心急ぐまま、足もそれにつれ予定より早く黒川に着きました。休む間も惜しく、食糧を置いたあの大岩に急ぎました。その大岩が直ぐそこに迫りましたが、しかし四ツは現われません。先日の残雪はなく木の葉の岩蔭が露わにみえました。と、私がそこに走りよったそのとき、どうでしょう、四ツがいたのです。岩蔭を掻き、木の葉の中に丸くなっていましたが、その目はヤニで閉じ、やせ衰え衰弱しきった様子でした。とても立ち上れそうにもありません。私は四ツを背負うと、何度も休みながらやっと帰宅しました。

四ツはその後恢復してからも、何故か以前の様子と違い、物おじし、猟場で獲物に出あっても鳴き追いという動作をしなくなりました。やがて四ツは年老いて亡くなりましたが、その後良犬に恵まれず、私自身も次第に年老いて、五年前に猟をやめました。そしていま私は、山でのあの不可思議な出来事をふりかえりながら、この一文を綴っているのです。

上信越・山の怪奇ばなし

大塚 安子

青坊主

新潟県岩船郡朝日村の一番はずれに寺尾の二十五軒が裏の鷹取山（四一九メートル）の端にかたまっていた。山里のお化け探訪は十月十日。前面の三面川《みおもて》を越して当地の名山鷲ヶ巣山が、奥深くけむる朝日連峰から富士山のように突き出して見え、美しい山里である。当主は六十歳ぐらい、その奥さん。ばばさんは八十歳。熊にはよくおそわれるが、

「お化け、そんな話は、この辺りにはネエもの」と、頭を傾ける。

鼬《いたち》を知っていますか、あれは益獣ですよ、鼠をよく食べてくれます。

わしのねぎ畑は寺尾神社の先の庚申さんのとこで、夜のおかずに使おうと取りにいったです。ねぎを取っていると、鼬めが後ろ足で立って、のど笛を狙うくせがあってね、立った立ったをするんです。そろそろ獣の時刻の夕闇どきでしたから、大きな影ができてね。

「アオ、アオ、青坊主が、デタァ」と、腰を抜かしますよ。ちょっと尻が上がらないですよ。

六尺坊主が出たぁ、とも言いますがね。

みみず鳴き

どの家の者も川へ降りて行けば、六枚の板で作った川船をそれぞれあやつる。はえなわ漁はお手のものである。

五十歳台の当主の弟が少年の頃、みみずを餌に魚捕りをしていた。今、釣り針にみみずを突き刺そう、とした。そのとき、「キーキーキー」って、かん高くみみずが鳴いた。いやなぞっとする声。竿もみみずもほおり投げて逃げ出した。あんな恐ろしかったことはちょっとなかった。それからというもの、いっしょだった悪童たちもバッタリみみず釣りを止めたよ。

話しながら小石を拾っては川面の表面を石がバウンドするように掬い投げる。熟練のわざである。白鳥があわてて飛び立った。どの家もイヨボヤ（鮭）でうるおっている。

「十日禁漁、十一日解禁」の立札が川に降りる道ごとに立っている。

酔っぱらい

「瀬波温泉でしたたか飲んで、寿司の折を土産に持って、今ならタクシーに寺尾といえば、グーグー寝ていても、間違いなく三面川を渡って帰ってくるよ」

「昔はな、一キロ歩くにしたって真の闇だった」

「そうそう、鼻唄まじりも村上まで。疲れてくるし、知ったか振りに近道をよったつもりの田ん

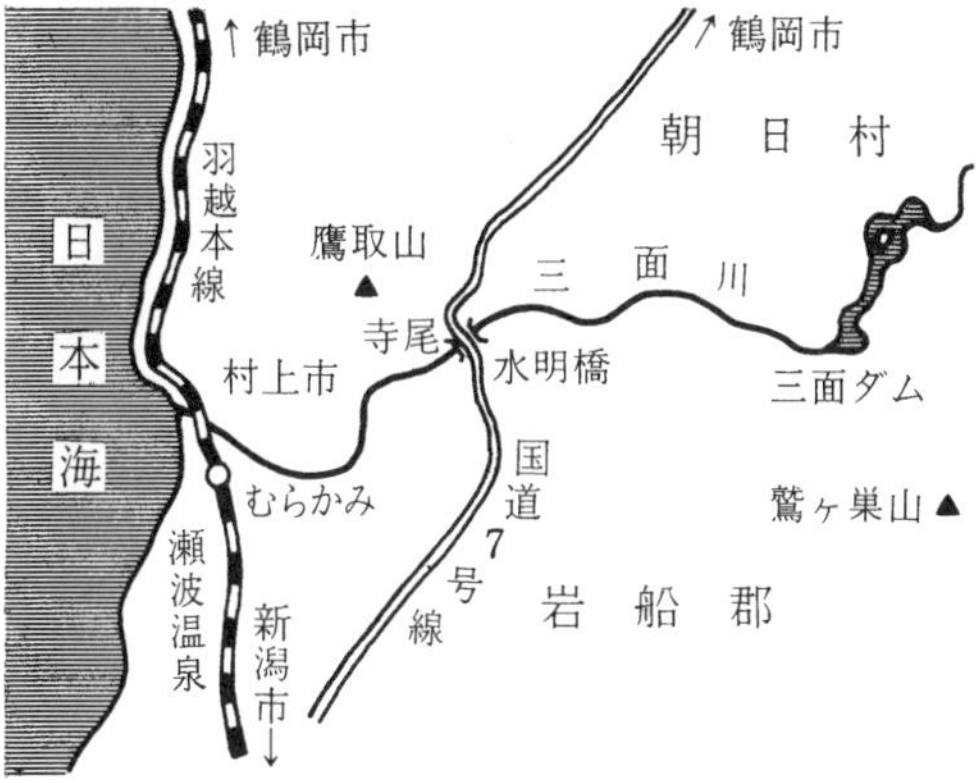

ぼの畔道、ちっとも川が見えない。グルグル同じ所を歩いて、朝になって、どこで寝たやら、寿司の折は紐ばかり、中身がどこで落ちたことやら」

「まあ、間が悪いやな」

「オラア、狐に化かされたァ、とんでもないとこ歩いてた」

「どこで気がついたぁ」

「それが、エー、村上の町の中だぁ」

「三面川がどうしても越せなかったのか」

「こりゃあ狐のせいかぁ」

「いんや、酔ってわからねぇ、ごまかしだ、狐が笑うべぇよ。人間は酔い潰れてしまったのを棚に上げて、狐を化かすから気をつけろ、とか」

怪火

寺尾を出て、国道の水明橋で三面川を渡って村上の方へ歩いていた。まだ朝日村の内である。道は下り坂。松並木の左手に墓地が続いている。時折自動車が走って来る。

雨がショボショボ降っていた。七時頃だった。

寺尾神社

フッと自分の着ているジャンパーのポケットをまさぐった。自然に目線が上着のあたりにゆく。

「アレ、なにか光っている。変だ」手で拭きとるようにさすってみる。目もこすってみる。光はとれる様子はない。相変わらず光っている。蛍光塗料を付けてきた覚えはない。そんな派手なジャンパーでもない。よく確かめると、どこ、と一点を指すのではなく、どこといわず光る。ポケットに手を入れた用事の方はすっかり忘れてしまった。

そのうち、いくらかあわててきて、蛍が体中に止まって光っているふうである。

左手が墓地のせいだ、という思いが強くなる。もう夢中で急ぐ。どうも墓地の方は真っ暗で光るものは何もない。

道がぐっと右へ曲がった。当人も道なりに曲がった。

ところが、気が気ではない光がパタッとなくなった。墓地は終わってなだらかな雑草地に変わっている。

「狐に化かされるってことはあるものか、と信じていたが、やはりこの世にあるのか」

「いやいや、墓のせいか」

「人魂が燃えるというのは、これかな」

怖いもの見たさに、今歩いて来た方を振り返った。人が歩いてくる。キラキラ光っている。自分では一向に気付いていない模様である。夜目にも黒っぽい上着の人物だった。

「それで分かった」

「あの墓地の横を二、三人で通ったとしたら、ホラ、遠くから見れば、狐の嫁入り、と言うんではないのかネ」

「これはもしかすると瀬波温泉あたりの明かりが、一〇キロ離れたあの松並木に当たって、キラキラの光になって砕けるのかな」

「雨が降らなければどうか」

「標高のせいだとか」

「墓は」

「狐の毛皮はオラたちの背中にホカホカと乗っかってっから」

「狐化かして捕まえるのは、オレたちの方だべ」

「ハッハッハッハッ」

貂《てん》の蚤

寺尾神社は、皆は薬師熊野さんと呼んでいる。立派な宮彫りがしてあって、電気もついている。なにかと寄り合いに使われているらしい。

相当にうっそうとしている。最近伐ったらしく、大杉の切り株が三つ四つある。これを伐った時、ウロに棲みついていた貂がどっさり飛び出して来た。

貂はあっという間に姿を消してしまったが、その後に、貂についていた大量の蚤が、ウジャウジャ、ピョンピョンと跳ね回って、思わぬチミモウリョウに、木を伐った男どもは、ギャーッと逃げた。

いや、おそろしかった。

道あけ

恨みを抱いて死ぬ人がいないのか、死んだ人が化けて出た話はない。

人が死ぬと四十九日目に、よくはやる巫女さんを頼んで祈ってもらう。二年前のじいさんの時は村上の巫女さんだった。

「位は、いいところへ坐った」というお告げで、一安心だった。この辺りでは、これで新仏が仏さんのお仲間に道あけして並んだという。

「なんでも仏さんの世界には、上品《じょうぼん》、中品、下品とかいう坐り場所があるそうで」

「家中の人が、じいさんの供養をよくしたということらしい」

眼力

まだ、五十代のこの家の奥さん、やがて話の仲間入りをしてきた。

「山でも川でも豊かでねぇ。神さんですよ。くるみも、栃の実もきのこも、山の芋も、杉も、炭も、稼げますし、神さんですよ」

居間の右天井側にえびす、大黒さんがまつられ、左のもう一方には大神宮さんがまつってある。

「やっぱり山で一番怖いのは月の輪熊ですよ」と、カカは坐り直す。

今年の松茸とりは死ぬかと思った。

「ヤツが出てきたら、みんな逃げろや、オレが死んだフリする役になるから」

そう隣のオヤジが言ってくれるから、安心してだんだん山深くに入っていった。

ちょっと一股であがれない崖のような所で上の草を掴まえて這いあがろうと、長靴をはいている足をもち上げようとしたら、長靴をグイグイと下からひっぱる。

「ひっぱるのはダレ」って振りかえったら、熊ですよ。

生捕りにされた熊

松茸とりにこちらが夢中になっている間に、オレが引き受けた、と言ったオヤジは、一目散に逃げてしまって、残された女二人は声も出ず、どこをどう登ったのか、くるみの木に争うように登って、アタシが下の熊を、ありったけの力でネメつけて。そうどのくらいの時間だったか。もう手がしびれてくるし、まばたきもしたくなるし、もうダメかと思ったけぇど、ニランデたのがよかった。二メートルぐらいの下で真っ赤な口を大きく開けていた熊が、木にかけていた前足を下ろし、後ろ向いて、行ってしまった。熊もまばたきしたくなったんですね。
「もう、力が抜けてしまいましたよ。眼力が良かったのね」

「子づれの熊だったら、カンネンだったよ。運が良かったよ」

凱歌

この主屋の並びに物置きがあるのが見える。中には脱穀機が置いてある。米糠は遠心力で屋外に出るようになっている。この糠が良い匂いがして、熊の大好物。たびたび熊の影を見たので、そこに檻をしかける。檻は鉄筋の長方形で四分の鉄筋の桟を上下左右、細かく組み立ててあるもの。その中に大好物の蜂蜜をオトリに入れる。

「それが見事にかかったですよ」

「怖かったですよ。ウーウーッ、ガリガリ休みなく吠える、鉄筋に嚙み付く、恐ろしくて聞いてる方が生きた心地がしませんでしたよ」

丸一日してから鉄砲射ちが来てくれて、眉間に一発で仕留めて行った。熊や鳥は保護獣で、その筋へ届け出ないと勝手に殺すことが出来ないのでやっかいなのだという。

肉はおいしい。酒を入れて三回ゆでこぼし、味をつける。ちょうど、鯨の罐詰のような味、という。前の家のあの庭でさばいたけど、三日ぐらい臭った、と。

「これがその毛皮ですよ」と、二階から赤いラシャの裏地をつけた敷物をおろして来る。頭も眼も爪もまだ生ま生ましていて真新しい。

「ざっと一〇〇キロはあったね」

「このカラー写真です。なんとか檻から出ようと、鉄筋の桟に嚙み付くから、自分の歯が折れて、口の中も桟も真っ赤」

「すごかった、濫は地震のように揺れてねぇ」

聞いて写真を見たら、なるほど、ここの人達はなまなかの化けものなど、驚くはずはない、と芯から理解したような気分にさせられて寺尾を後にした。

グリン様の通り道

むかし、むかし、信州遠山郷下栗の峠に夫婦ものが住んでいた。峠のてっぺんには少しばかりの平らがあり、朝に夕にその平らを耕しながら、静かに暮らしていた。

ある年のことである。グリン様が風のごとくやってきた。夫婦の小屋にむかって大声で声をかけた。

毎年一回、北の方へ抜けて行くグリン様が通る時には、夫の方は顔なじみの仲になっていて、何やら話をかわして行くのが習わしになっていた。

だが、その日は、あいにくなことに、夫は一里半ばかり下の街道宿まで用足しに出て行って留守だった。夫の返事の代わりに、留守居をしていた女房は、戸口へ出てきた。

「よくおいでくださいました。亭主は留守で……、おっつけ戻る時刻ですで……、どうぞ休んでください……」

と、あわてて、手元のむさいものを片寄せ、一生懸命に額をかまちにすりつけて挨拶した。その顔を少し上げ、おそるおそる客の顔を見上げた途端、客の赤い大鼻が、一段とグワーッと赤ら

遠山まつりの面と禰宜さま（下栗本村八幡宮）

むと、嵐が落ちてくるような声！

「コラーァッ、月くさい身でェッ、この私に口をきいたなァッ」

と、目をつり上げて女房をにらむやいなや、女房の両の足をとって戸外にひきずり出し、やにわに、一本の木に片足を縛り付け、さらに片足をもう一本の木に縛り付け、帯びた刀で刺し通し、何事もなかったように、再び風のごとくに通り道を北上していってしまった。

幾星霜が平らを過ぎて行った。眼前に南アルプス兎岳。清らかな秘境である。

下栗の人々は、危険な傾斜畑（サガシバタ）をえいえいと耕しながら、せっかくのこの平らには、家を建てたり、耕作の鍬を入れたりすることをタブーにしていた。三十二年のこと。

人をはばむ灌木の枝や腰までの雑草の生い茂る中、何故かひとところ、消えいるような片栗の花が満開の場所があった。

苗場山の夜

「ワシのジジが山には夜は行くなっ、とこんな話を語って聞かされたことがあった」

信越国境秋山郷小赤沢のカカは、七十、八十の老人達を前に話しはじめた。

ジジは魚をとることが好きで、暇をみつけては山の沢へ入って行って岩魚をよくとってきた。

ある日、苗場山の沢の一つへ入って行って糸を垂れていた。どうしたのかちっとも魚がかからない。周囲は深ぶかとした原始林。

ジジはもう少し、もう少し、と欲をかいて腰を落ち着けていた。

日が暮れてきた。沢の瀬の音が大きく感じられる。駄目だ。こんな日は今まであったことがない。なんのせいか、妙な日だ。日の暮れが早過ぎる。やめだ、やめだ、と重い腰をあげた。たす(しなの木皮で編んだリュックサック)をしょって、ここまで来た道の方へ足を向けた。ところが、どうしたのか、かきわけて来た方角に千尺はあると思われる大滝がかかって、ドォーッ、ドォーッと波しぶきがあがっている。どうもこんな滝はこのあたりでは見たこともない。

おかしい。ばかに瀬の音がすると聞いていたのは、これが正体だったのか。

と、今坐っていた方を振り返る。と、どうだ、見上げるような大岩が立ちはだかり、見た覚えのない大松が一本、その岩の上にニョッコリ立っている。何度目をこすって見直しても間違いなく前の大滝と後ろの大岩は、自分に向かってのしかかって来る。

「ワァーッ」と、ジジは叫んだ。

「化かされたーッ」

身のけがよだち、夏だというのにブルブル震えがくる。身がすっかりすくんで、動くにも動けない。死んだようになって夜明けを待った。

長い夜が明けて来る。鳥の声。

なんという不思議。塞がれていたはずの道が、なんと、見えて来たのである。もつれる足を励まして、もう転がるように、その道に駆けいった。

やっと小赤沢の屋根が見えてきた。みんな心配で屋外へ出て行方を話し合っていた。

そこへ真青な顔で、よろけよろけ山道を降りてジジが帰ってきた。みんなの顔を見た途端、ジジはぺたりと坐りこんでしまった。

ひと息ついてジジは、今遭遇してきたことを、くぎりくぎり話して聞かせた。

「日が暮れてきたらいけない。山に化かされるぞい」としみじみと言った。

現実にそんなことがおこったことに腰の抜けるほど驚いた一同は、ジジの言葉に、皆おとなしくうなずいたそうである。三十二年の夏だった。

人さらい

小赤沢の八十歳になるババも話に乗って来た。いつのことだったたか、もう三年位はたったかもしれない、と前置きして話しはじめた。

三つになる親戚の女の子が、どうしたのかいなくなった。なんぼ探してもいない。もうそれは大騒ぎで信越国境にまたがった秋山郷中手分けして探し歩いた。見付からない。

一昼夜がたった。探し歩いていた誰かが叫んだ。

「おーい、川の底で動いているのは、あれは猿か子供か」

「おーい、川の底だぞ」

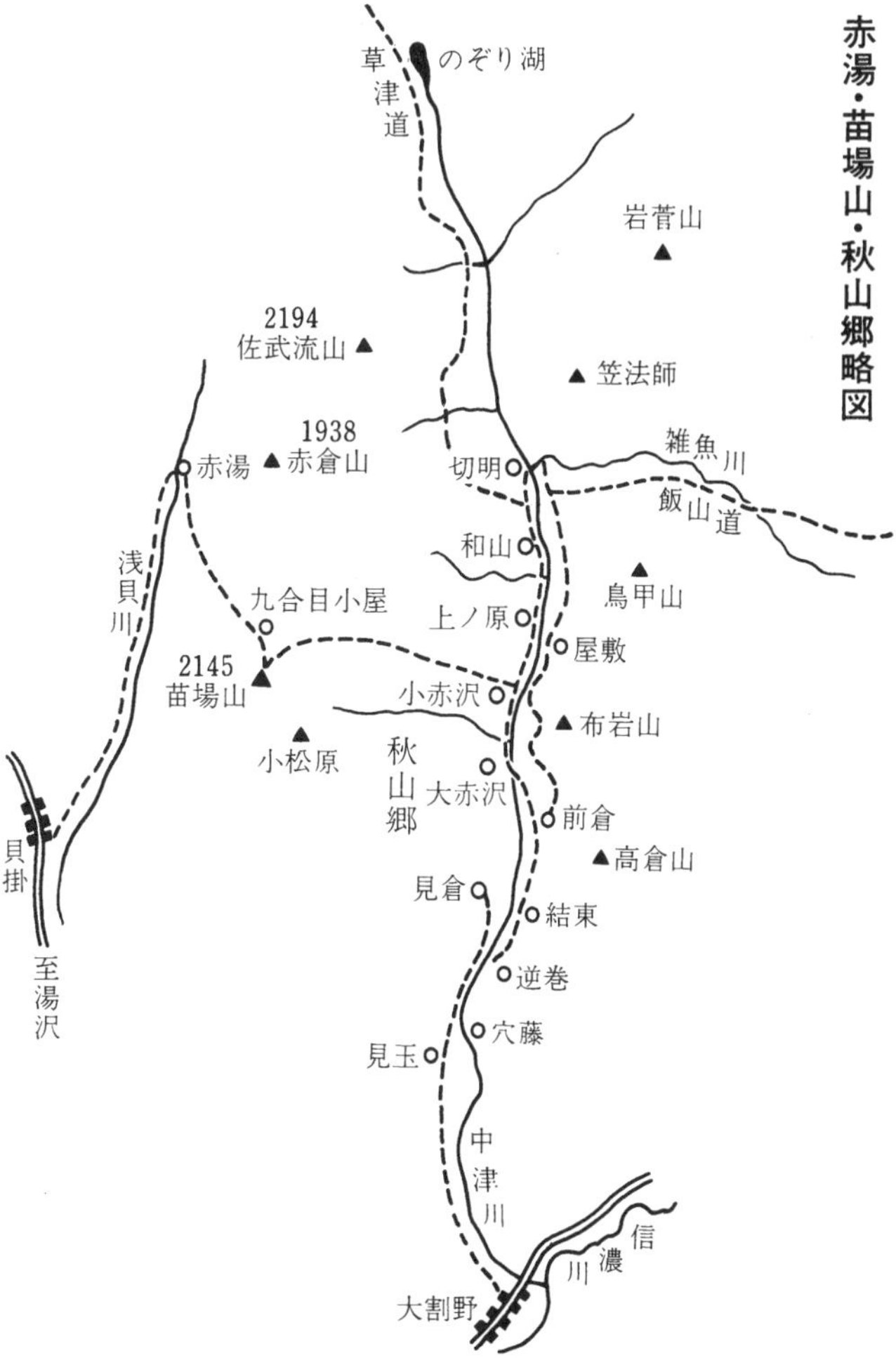
草津道
のぞり湖
岩菅山
2194
佐武流山
笠法師
1938
赤倉山
赤湯
切明
雑魚川
飯山道
和山
鳥甲山
浅貝川
九合目小屋
上ノ原
屋敷
2145
苗場山
小赤沢
布岩山
小松原
秋山郷
大赤沢
前倉
貝掛
高倉山
見倉
結東
至湯沢
逆巻
穴藤
見玉
中津川
信濃川
大割野

赤湯・苗場山・秋山郷略図

秋山郷を右に左にえぐって中津川が流れる。

小赤沢から遠からぬ一〇〇メートルもありそうな絶壁の底の中津川に、おかっぱ頭らしい子供姿。川中の大石の上に雛人形のように坐っている模様。大人達は度胆をぬかした。

到底聞こえるわけはない、と思っても、

「そこ、動くなよー」と声のかぎり叫んだ。

大人達は川底まで降りて行くのに、命がけで半日かけた。三つの子を背負って無我夢中で登ってきた親はもちろん、やっと歩くような子がどうしてあの底まで降りて行けたか。泣いていた様子もなく、一昼夜水でも飲んでいたのか、恐ろしくなかったのか。子供は忘れたように大人が持たせた菓子をもくもくと食べている。

「羽が生えている天狗というものの仕業かねえ」

山賊の洞窟

秋山郷どんづまりの切明から飯山へは、古くから細々とした踏みわけ道がついていた。飯山線がない頃は、この山道を通って長野へ出たという。十里の道のり。天狗塚の峠を経て鳥甲山よりのリュウ沢を通るスリルのあるあたりに洞窟があって、なんでも抜け穴があるといわれていた。

切明に近い和山温泉の主人と、ちょうど逗留中の串田孫一氏は洞窟探検に出掛けたのだそうである。昭和三十六年の春のことらしい。

春といっても雪のまだある頃で、随分と勇気がいったという。なにしろ言い伝えでは、落人が落ちてくる、その破れ衣を根こそぎ剝ぐ、恐ろしい山賊だということになっている。

「ありましたよ。芝居に出てくる山賊が着るつぎはぎだらけのドテラが、洞窟の入口にぶらさがっていましてねー」

懐中電灯をつけて見たが誰もいない様子。布団が一枚、鍋、やかん、食べちらした白骨。ギョッとしてよく見ると、これが兎の骨。奥に山の神がまつってあって、尋常な道具だて。

奥行きは一間たらず。右手の奥にあるのではないかと期待していた抜け穴らしいものは、まったくの大ぼらで、懐中電灯に照しだされただけの単なる洞窟に過ぎなかった。

この辺りでは、さすがの大雪もそろそろ解けようか、という四月から五月にかけて、熊射ちの猟師がやってくる。その猟師がこの洞窟に寝泊まりして獲物を追って歩いていることが実証されたわけだった。

「幽霊の正体見たり枯れ尾花だね」と、串田氏はいたく喜ばれたそうである。

「いえいえ、そう簡単でもないですよ」

と、宿の主人。

九七歳のジッサマから聞かされた本当にあったという話。

その洞窟の入口に掛かっていた鰐口を盗んで行った猟師の一人が、後になって白状したことによると、眠ろうとする夜ごと夜ごと、その鰐口が、がーん、がーん、と鳴り響き、眠ることが出来ず、あわてて元の洞窟に吊るしてきてやっと安眠した、というのですから。

「捧げモノを盗まれた、山の神の怒りでしょうねえ」

遭難現場

越後側の赤湯口から苗場山へ登った日は、運良く一年に何度もない、というくらいの山日和だった。山頂にとりついたと思った途端、

「遭難死体、および、遺留品を見付けた方は、お知らせください」

と、木札に親の住所が書かれて、小松（ユラビソ）に針金でぶらさがっている。

つぎには、うっすらと水を溜めた池塘があり、庭師が選んだような大岩があり、山芝の平らがあり、そのあいだに水の流れが掘った浅い溝があり、またさっきと同じ小松の密生地となる。どこまで行ってもまったく同じ風景。

気をつけて見ると、小松の要所要所に、同じ木札がいくつもぶらさがっている。それらの木札に気をとられて、頂上を極めた喜びよりすっかり胸が締め付けられたようになる。

一見平和なロマンチックな山頂に、俄《にわか》にかなりの濃度のガスが襲ってきていた。そのガスに驚いているところへ、しっかりした山の装備姿の山男が五、六人、降って湧いたように、バラバラと現われた。いたく胆を冷やす。

棒立ちになっていると、みんなの目が「読んだでしょう」といわんばかりの質問。

「蠅が特にたくさんたかっている所に気がつかなかったですか」

「遭難者は白骨と化すまでは、腐乱のため臭いをかぎつけて集まってくる山蠅がたくさん固まって、ブンブンと相当の音をたてているんです。まずこの状態が、第一ヒントなものですから」

「警察犬を使いたいのですが、一四一日八千円では、この広い山ではね」

「頂上からなんとか死地を脱するつもりが、万年雪の棒沢や熊沢に落ちこんでしまった可能性もあるしね」

話の様子では捜索に財産をはたいている気の毒な親達に同情して、日曜ごとに登山してくる十日町山岳会の無料奉仕のメンバーらしい。

「いわく因縁のある山ですからね」

際立った三角点がないに等しい頂上を北稜へ向かうと、小松原湿原がある。お下屋敷などと呼ばれる、都の有名な庭師がつくったような石の配置、家が建っていたかのような土台石も点々とあるという。

苗場山山頂

「伝説に、小松原に入ったら、ただでは帰ってこられない、というのですよ。むかし、重いライにかかってしまったやんごとない貴人が、都へ帰る夢のかなえられぬまま死んで、その霊が迷い漂っている、といわれている」
「信じたくないけど、ちょっとおかしいんでね。県の各団体の登山選手達が、秋山郷入口の見玉から小松原湿原を通過して、苗場山神楽峰までのコースを競ったところ、どれもこれもひどい時間記録におわって、全員頭をひねったという、実例があるのでね」
と、真剣な面持ちで沢へ降りていった。三十二年のことだった。

それから四年目の三十六年、遭難者を探す木札の真新しいのが、またぶらさがっていた。赤湯から九合目小屋までを険路とすれば、その山小屋から丸一日さえかければ、山の初心者の私が、なんの苦もなく、秋山の小赤沢にたどりつく。

でもこの美しい頂上には、もしかすると、成仏できない行方不明者の死霊みたいなモノが濃い霧が漂うとき、頬を撫でて行くのかもしれない。ピッケルのかわりに持った棒ぎれをふり回わしながら、秋山への降り口の背丈ほどの熊笹をわけ入ると、シュルシュル、ザワザワッ、と耳のあたりで不気味な音。それがみみずほどの、小さな小さな蛇の大軍だったのを思い出す。

家鳴り

秩父両神村、清滝小屋の外は、ひめ蛍がさかんに飛びかっていた。小屋のあかりはランプだった。小屋は村営なので、月給とりの番人夫婦がぶっきらぼうに登山者の世話をしている。仏法僧がしきりにないていた。

布団は自分達で敷く。どこへ敷こうと勝手。ふかぶかと張りを失った三十畳敷きはあろうかとおもわれる畳の大部屋である。うろうろしていると、

「奥に向かって左側は止めたほうがいいよ」

ええっ、と振り返る。

「突然、家鳴り、震動が起こるんでね」

まったくそっけない。そこで布団は右側の入口近くに敷いて、左の隅ばかりが気になってなか

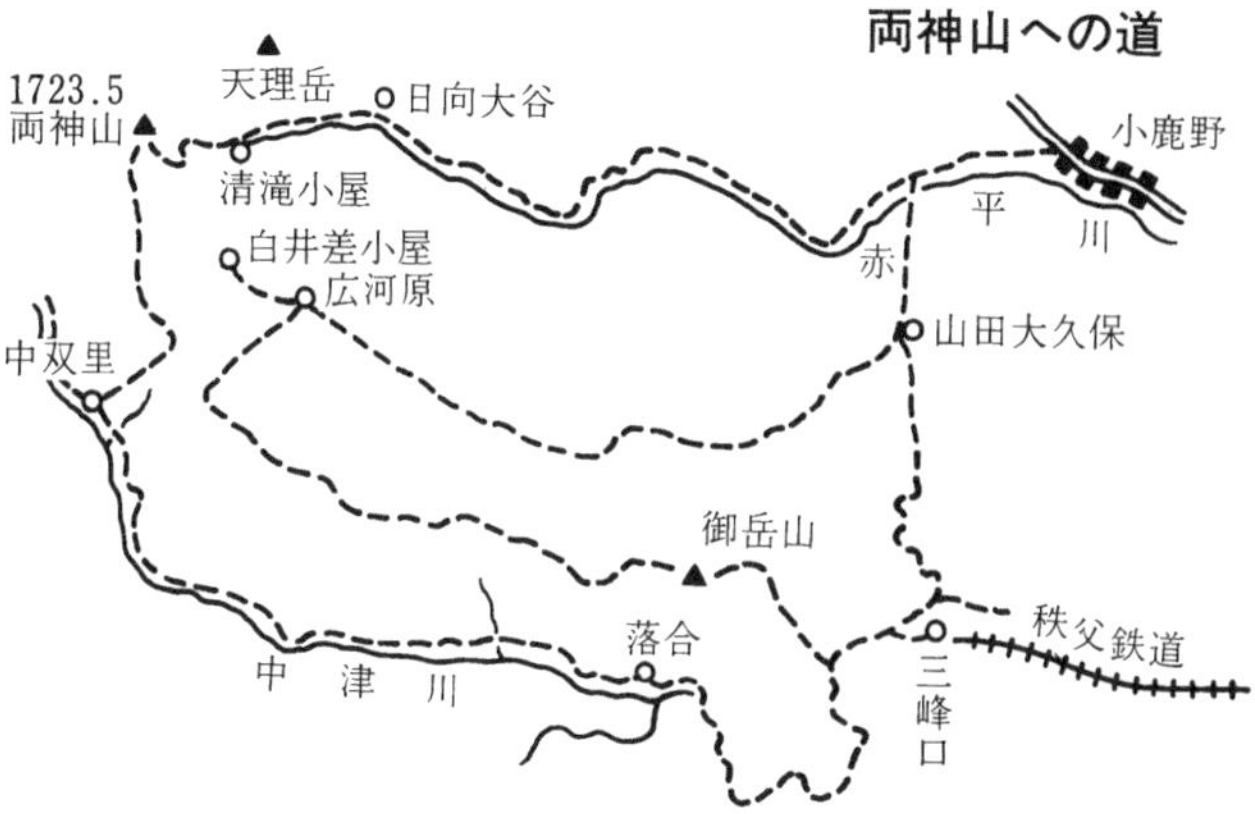

なかに寝つけない。今か今かと待っていたが、いつか眠ってしまった。

翌朝、夕べは家鳴りが起こったのかどうか聞くと、

「馴れっこになってるからね、天狗のしわざ、といわれていたのが、地質学上面白いことだ、と学者先生にはわかったらしいヨ」と、とぼけている。

「どこかが、どうかなって、家鳴りになるって言ってたけどネ。それ聞いてから、気が随分と楽になってネ……」

「すどまり百五十円、賄い付き三百円、米は必ず一合だよ、持ってこないと追いかえすよ」

「両神山も大変、手前の天理岳はダメだヨ。谷川岳以上に」

両神山の上りにはサルオガセが谷からたちのぼる冷風に揺れ、キラキラと青白く広がる。まるで山姥が、破れ衣の袖をひろげて、おいで、おいで、をしているようだ。

神秘な領域へ足をいれる興奮に、胸がふるえた。三十三年の夏――。

北アルプスの怪異伝説

長沢　武

女嫌いの山（立山）

立山は昔から女人禁制の山で、女達がお参りできるのは藤橋を渡った先の姥堂まで、ここから先は男だけが入山を許された神聖な山でした。

ところが、若狭国に止宇呂尼《とうろのあま》というへそ曲りの女僧がいて、「何でそんな馬鹿なことがあるもんか、女が登って悪い道理なんかない」と、中年の女と少女を連れて立山登山にいどんだということです。けれども登るに従い確かに天罰に逢い、今もそのままになっているといわれ、女達に恐れられています。

止宇呂尼の一行は登山口まで登って行き、そこに積んであった社殿建築用の材木に腰をかけ、一休みしようとしたのですが、その途端、積んであった材木は皆石になってしまったそうです。今の材木坂の石がそれで、この辺一帯から出る石は皆材木の柱のような姿をしています。

こんなことがあっても、三人の女はなおもこりずに登って行ったそうです。すると、美人の中年女がうめき声を上げたかと思うと、見る見るうちに一本の杉の木になってしまいました。その杉の木は美女杉といい、乳房のようなコブがあり、このあたりを美女平と今も呼んでいます。登山ケーブルカーの終点の所です。

これを見た連れの少女は、もうすっかり恐ろしくなって震えながら泣きだすと、例のへそ曲りの老女は、「このいくじなしめ」としかりとばし、自分は腹いせに尻をまくって立ち小便をしたそうです。そしたらその勢いで地面に穴があき、地中深く掘れたそうで、そこはしかり尿(ばり)という地名となって残っています。

老女はいやがる少女をなおもせき立て登って行きますと、今度はその少女もついに一本の杉の木になって動けなくなってしまったそうです。この杉の木の梢は少女の頭(かむろ)に良く似た形をしていて、今もかむろ杉と呼んでいます。

一人きりになった老女はなおも登り続けました。そして弥陀ヶ原を過ぎ国見坂の下までくると、この女にも天罰が下って老女の頭には見る見るうちに二本の角がはえ大きな石になってしまいました。この石は姥ヶ石といい、今もこの辺りを姥ヶふところと呼んでいます。

立山地獄(立山)

立山の地獄谷という所はほんとにすごい所で、いたる所からお湯がぐらぐらと沸き出し、岩石は焼けただれ、もうもうたる湯煙が一年中あたりを覆い、草木は一本もなく、動物の屍が山をなしているそうです。

立山、剣岳と弥陀ヶ原

昔越中の国の滑川というところに、働き者の夫婦と二人の子供が住んでいました。ところがある年の冬、婦人は病の床に伏して、子供達の手厚い看護にもかかわらずこの世を去ったとのことです。それでその翌年、子供達は母恋しさに亡者達が集まっているという立山地獄に行こうということになり、手に手をとって馴れない道を登り、ようやくのことで話に聞いた地獄にたどり着きました。

着いてみると地獄というところは、噂のとおりもうもうたる湯煙が立ち、ガスが沸いてこの世のものとは思えない光景です。二人は恐ろしさに茫然と立ちすくみ、母を呼ぶ声も出しかねていると、岩の間から煙の吹き出る音に混じって、「太郎や、次郎や」と呼ぶ声が聞こえるので、「ハッ」と我に返って声のする方を見ると、痩せおとろえてはいるが、懐しい母の姿が煙の中に見えるではありませんか。

太郎は思わず、「おっか様ー」と声を出して呼ぼうとしたのですが、なんとしても声にならないのでした。すると母様は手を振って、

「わたしじゃ、母を忘れるものがあるかえ、私はここへきて生前あまり仏様を信じなかった罪で毎日苦しんでいます。どうかお前達帰ったらとと様に話して、法華経を書き写し、お経を上げておくれ」

と哀願するのでした。太郎はかけ寄って母に抱きつこうとして、袖の端をつかんだとき、母の

姿はスーッと霧の中に消えてしまいました。

我に返った太郎は弟をうながし、その片袖を持って山を下り家に帰っておとうにその話をすると、

「ほんにこの袖は野辺送りの棺の中へ入れてやった着物の袖じゃわい、恐ろしいこった」

と、早速菩提寺の和尚様に頼んで法華経を借り、親子三人で書き写し、法会をいとなんで供養をしたそうです。そうしたらその後夢枕に母が現われ、「お陰様で地獄をはなれました、有難うよ」と嬉しそうに言って天国へ昇って行く姿が見えたということです。

十六人谷（黒部谷）

黒部川の支流黒薙《くろなぎ》川の奥に十六人谷という所があります。

昔この谷を伐採しようと、年老いた杣頭《そまがしら》の他十六人の若い樵夫《きこり》達が入り仕事を始めました。やがて樵達は川の近くで数百年を経た、途中の枝がO字状になった柳の老木の所まで伐り進みました。しかし、陽も暮れかかっていたので、伐るのは明日にしようと一同小屋に引き上げました。

山の中ではたまにはあることですが、途中で二又に分かれた幹が少し上で再び一本になっている木を「窓木」といい、このような木には山の神様が宿っているとか、天狗が腰かけにする木で、絶対に伐るものでない、と昔から言われています。この柳の老木もそんなことで伐採されずに生き残っていたのでしょう。

年老いた杣頭はこのことを知っていますから、小屋に帰ってから若い杣達に、

黒部峡谷（黒部ダムより）

「あの柳は窓木になっていたなー。ああいう木は伐るもんじゃないと普から言われているから伐ってはならねえゾ」

と諭すように言いますと、若い杣達は、

「そんなことあるもんか、あの柳はでっかいし、場所もいいから、明日は朝一番に伐ろうじゃないか」

と老杣の言葉を相手にしませんでした。そして翌日、若い杣達は老杣の制止するのも聞かずに柳の老木を伐り倒してしまいました。

ところがその夜です。全員が寝静まった真夜中、風もないのに小屋の戸が開いたような気配に老杣はふと目を覚すと、恨めしげな顔をし、長い髪をした着物姿の女が現われ、寝ている若い杣達に近づくと、一人ひとりに顔を寄せ、息を吹きかけるようにして立ち去ったのです。

年老いた杣はあまりの恐ろしさに、声も立てずに体をふるわせ、朝のくるのを待ちました。そして夜が明けるのを待って若い杣達を見ると、十六人の若い杣達全員が息絶えていたのです。

こんなことがあってから、この柳の老木のあった河原を十六人谷と呼ぶようになったということです。

猫又（黒部谷）

江戸時代、黒部奥山の巡視をして歩いた加賀藩の「黒部奥山廻り役」達が、下奥山を巡視するコースとしてよく利用した道に、小川温泉〜北又小屋場〜カシナギ小屋場〜猫ノ踊場〜清水平〜上駒ヶ岳（白馬岳）というコースと、カシナギ小屋場からカシナギ谷、フカソ谷を経て猫又峠〜猫又小屋場という二つのコースがありました。

ところで、この二つのコースの中に出てくる猫ノ踊場、猫又峠、猫文小屋場という所ですが、いずれも猫又岳近くの地名で、猫又については次のような話が語り継がれています。

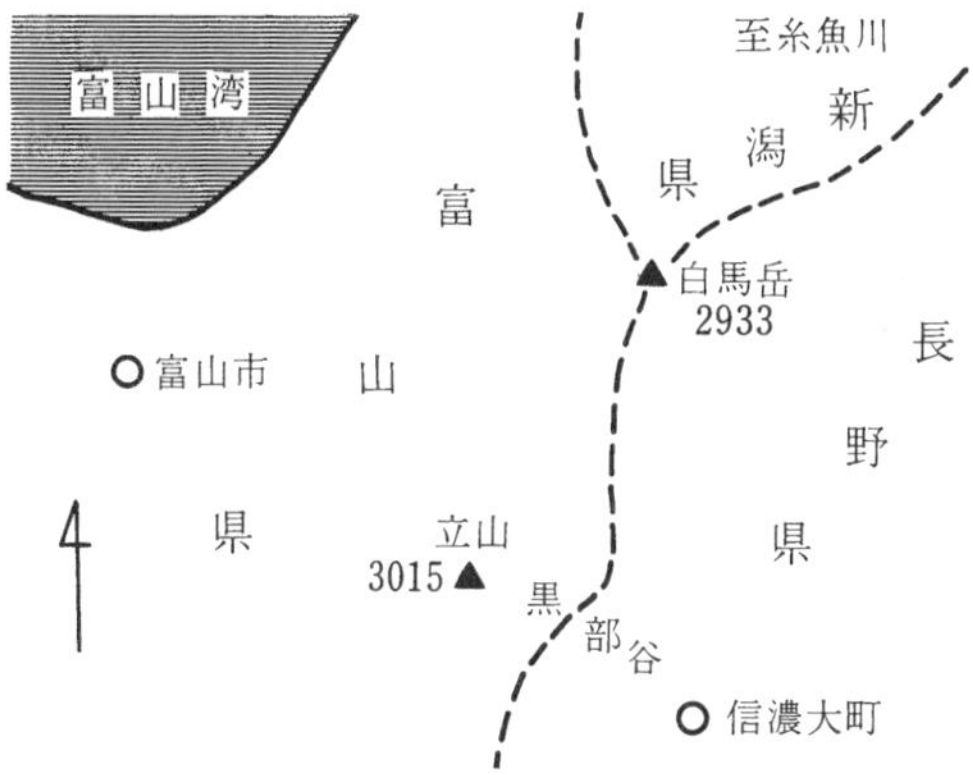

今から三五〇年も昔の話です。元和という年号の頃、黒部の谷に異変が起こったそうです。富山平野から見ると黒部の奥の方の空が真っ赤に焼けて、黒い雲が南から北へどんどん流れてあたりは薄気味悪い空気がただよってきました。

「ただ事じゃねえ、何か悪いことでも起きる前ぶれだぞ」と、人びとは口ぐちにささやいて気味悪がったが、あんのじょう黒部の谷に猫又という怪獣が現われ、飼っている動物をさかんに喰い殺し始めたのでした。

そこで加賀藩では猫又退治の鉄砲隊を組織し、山狩りが始まりました。猫は三十年以上生きると化けるといわれていますが、猫又は大きな野良猫が化けたもののようで、目はらんらんと輝き、口は耳もとまで裂け、毛の色はトラのようであるし、うなり声は天にも届いたのです。

けれども千人を超える鉄砲隊におどされて、猫又は次第に黒部の奥へと逃げ込み、しばらくは行方が分からなかったそうです。しかし、夜になると、どこからともなく現われいたずらをするので、鉄砲隊は月明かりをたよりに奥へ奥へと進むと、猫又は山の上の草むらで月光を浴びながら人間どもをあざけるかのごとく踊っていました。

鉄砲隊はようやくのことでそこにたどり着き、ねらいを定めて銀の玉を打ち込み、ついに退治することができたといいます。

こうして富山平野には再び平穏がもどりましたが、こんなことがあってから、猫又が踊っていた所を猫ノ踊場、またその山を猫又岳と呼ぶようになったということです。

黒部奥山の伐採と神の祟り（黒部谷）

黒部谷の奥山には千古斧を知らぬ、くろべ、もみ、ぶななどが鬱蒼《うっそう》と繁る原生林があり、この谷の木々には神が宿っていると里の人びとは信じていました。

ところが天保九年（一八三八）三月十日、江戸城が火災にあい、その復旧のために幕府は各藩に助役を命じ、加賀藩はこの黒部谷から大量の木材を伐採、搬出することにしたのです。

江戸城の火災は西の丸の台所から出火、火はたちまち広がりまたたく間に全焼してしまいました。その時、西の丸は大御所様の御座所でしたから、翌日には早速再建案がたてられ、加賀藩にも多額の上納金と木材が割り当てられたのです。ちなみに、木材については水戸藩は松板一万枚、信濃守は木曾檜一万本といった具合でした。

加賀藩では、領内最大の森林資源を有する黒部奥山の原生林の伐採を決意し、名越彦右エ門を頭に、蓬沢・伊折・早月・内山・音沢など十二村の杣人足に緊急命令を出し待機させ、四月十五日第一陣として四十名、つづいて第二陣八十名を黒部に急行させ伐採を始めたのです。

ところが、この噂を聞いた黒部川下流域の農民の間に不穏な空気がみなぎりだしたのです。それは、昔から神がみの宿る黒部奥山の木を伐ると、必ず神の祟りがあるといわれているが、今年は田植の季節というのに山には雪が降り寒い日が続いて、この分だと今年の稲は凶作まちがいない、どうか黒部奥山での伐採は止めてほしいというものです。

この年は確かに異常気象でした。『加賀藩史料』にも天保九年六月四日の項に「気候順を失するをもってこの日以後祈禱を行はしむ」とあり、里でも夏というのに綿入れを着、手あぶりが必要なほどでした。伐採現場でも病人が続出、帰郷した病人達によって山の恐ろしさが語られ、これに尾鰭が付いて村から村へ広がって行ったので、民衆の不安は一層増大、騒がしくなっていきました。

そこで藩では仕方なく、加賀能登の五社寺へ祈禱を命じ、白山神社へは特に藩主の名代として重臣をおもむかせ二泊三日、また芦峅《あしくら》寺・岩峅寺では十四日間の大祈禱を行なわせ、藩主自らも心身を清浄にし朝夕おこもりに入り、天候の回復と民衆の動揺を鎮めるべく神仏の加護にすがったのでした。

しかし天候はいっこうに回復せず、伐採現場では病人や怪我人が続出する状況でしたので、藩ではやむなく黒部奥山での伐採は中止することにしました。そしてそれまでに伐採した木材も、針ノ木峠を越して大町へ出し、松本から江戸へ送ったようです。

雪女（白馬岳）

白馬岳の麓に茂作と箕吉《みの》という親子の猟師が住んでいました。この親子は岳山《たけ》猟が得意で、雪が降ってくると連れだって西の山に出掛け、一回の猟でカモシカ数頭を、一冬の間には数十頭も捕るという腕のいい猟師でした。しかし、カモシカ捕りは雪の中での猟で、冬は天候の変化が激しい上、雪の中を追い歩くので体力の消耗が激しい命がけの仕事で、誰にでもできる猟ではありません。

茂作と箕吉は天候を見定め、その日も朝早く獲物を追って西の山へ入って行きました。朝方は昨日まで降っていた雪も止んで、西には美しく気高い白馬連峰の雪山がくっきりと見えていました。二人は落倉から栂池へ登り、さらに天狗原から乗鞍岳へと通いなれた稜線を、雪をけたてて進んで行きました。

そして三国界に着き、いよいよ猟を始めようと一息入れていると、どうしたことでしょう、気にはしていましたが、西の方にあった黒い雲は見るまに広がり、あたりは急に暗くなったかと思うと雪となってきました。そしてそのうちに風も出てきて、激しい吹雪となりました。

「これじゃ今日はだめだわい、いいと思って出てきただが、しょうがねえナァ」

二人は銃をしまって山小屋目指して急ぎました。けれども、横なぐりに吹きつける吹雪は、初めのうちは頬に当たって融けていましたが、やがて頬も眉毛もバリバリに凍りつき、次第に体温をうばい、ようやく着いた山小屋も吹き込み雪がいっぱいでした。

今までに幾回か吹雪を経験している二人ですが、こんな恐ろしい吹雪は初めてでした。小屋に入っても雪は止まず、猛り狂うその音は小屋をもみつぶすようでした。しかし九死に一生を得た二人は、昼の疲れでいつしか寝入ってしまいました。

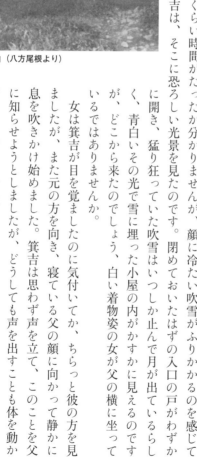

それからどのくらい時間がたったか分かりませんが、顔に冷たい吹雪がふりかかるのを感じて目を覚ました箕吉は、そこに恐ろしい光景を見たのです。閉めておいたはずの入口の戸がわずかに開き、猛り狂っていた吹雪はいつしか止んで月が出ているらしく、青白いその光で雪に埋った小屋の内がかすかに見えるのですが、どこから来たのでしょう、白い着物姿の女が父の横に坐っているではありませんか。

白馬三山（八方尾根より）

女は箕吉が目を覚ましたのに気付いてか、ちらっと彼の方を見ましたが、また元の方を向き、寝ている父の顔に向かって静かに息を吹きかけ始めました。箕吉は思わず声を立て、このことを父に知らせようとしましたが、どうしても声を出すことも体を動かすこともできません。

女は今度は箕吉の方を向いて、「ニタッ」と笑い、低い声で諭すようにささやきかけてきました。

「あなたは気立ての優しい美しい青年です。私はあなたまでもあの方のようにする気はありません。でもそのかわりこれだけは必ず守って下さい。いいですね、今夜私を見たことを誰にも話してはなりません。もしこの約束を破ったならば、その時はあなたの命はありません。きっとですよ」

女は言い終わると、音も立てずに戸口から静かに月光の中に消えて行きました。

箕吉はしばらくは恐ろしさのあまりただ茫然とし、今のできごとが夢なのかうつつなのか良く分かりませんでしたが、やがて我に帰り、急いで眠っている父をゆり起こし、このことを告げようとしましたが、父の体はすでに冷たくなり、呼吸は止まっていました。


こんなことがあってから三年があっという間に過ぎました。箕吉は立派な青年に成長し、一人暮しが続いていましたが、雪の激しく降るある夜のことです。箕吉は用事で帰宅が遅れ、暗い夜道を我が家へ向かって急いでおりますと、道端にうずくまっている人の姿を発見しました。こんな雪の激しい夜に、しかも人通りも途絶えた山道にいるのは誰だろう。ムラ人に違いないがどうしたのだろう、と近寄って助け、抱き起こしてみると、ムラ人ではなく見知らぬ他国の娘でした。

しかし、そのまま雪の中にほおっておくわけにはいきません。箕吉はその娘を家まで背負って行き、湯を沸かし熱い物など作ってすすめ、焚火で体を暖めてやると、ようやく元気を取りもどしました。娘はお雪といい、美しく気立てのやさしい働き者でした。娘はそのまま彼の家に居付き、やがて二人は結婚して、十年後には五人の子供をもつ親となっていました。

ある雪の降る晩でした。今夜もかなり積もるらしく、たまに障子にさらさらと雪の降りかかる音がするだけの、外は物音一つしない寂しいくらい静かな夜でした。子供達を寝かせつけた箕吉とお雪は、いろりの火を囲んで箕吉は藁仕事の草履作り、お雪は行燈の灯で子供の着物のほころびをつくろっていました。

箕吉は榾《ほた》の火をつつきながら、誰に言うとなく話しかけ始めました。

「あれからかれこれ十三年が経ったなァ、あの時もすごい雪降りだったが、こうしてお前が裁縫をしている姿を灯影で見ていると、あの晩出逢った女のことを思い出すヨ。あれは白馬岳の山小屋だったが、おやじ様と寝ていると奇麗な女が現われてなァ、あれは雪女ちゅうもんかいなァ」

彼は十三年前の、白馬岳の山小屋での一件を、今まで一度も口にしたことはなかったが、この夜はつい夫婦の間のことと思い、気を許して話し始めたのでした。だがその話が終わったとき、ふとお雪の顔を見た箕吉は「アッ」と驚きの声を上げました。

見ると、今までやさしく彼の話を聞いていた美しいお雪の顔はみるみる変わり、恐ろしい形相になったかと思うと立ち上り、

「あなたはついに話しましたネ、あの時のことを。その女の人は私です。約束を破ったからには私はあなたを殺さねばなりません――。でも、可愛い子供達には何の罪もありません。このまま子供達を残してあなただけを殺すことは私にはできません。いいですか、後に残った子供の

ことだけは頼みます」

お雪はそう言い終わると、みるみるまに煙のように薄くなって、その姿は家の中から消えて行きました。

ノースイ鳥悲話（乗鞍岳）

五月から七月にかけて、真夜中の午前一時ころに屋外に出てみますと、遠くのはるか上空の方で、悲鳴のような、「トーヒー」という、鳥のようで鳥ではないような、何かうら寂しい鳴き声を耳にすることがあります。真っ暗な物音一つしない山の中で、魂の底からでる悲痛な叫び声のようでもあり、無気味な感じです。

この声の主は白と黒の斑《まだら》をした羽根をし、あまり人の目には触れない深山にすむトラツグミという鳥です。無気味な鳴き方をする変わった鳥ということで、『古事記』にも「ぬえ」という名前で載っています。この鳥を乗鞍では「ノースイ」といいます。こちらの空で「ノー」と鳴くと、向こうの空で「スイー」と答えるからだといい、次のような伝説が伝わっています。

昔、親に許されない仲のいい若い二人がいました。封建社会のこと、二人の家柄にはあまりにも差があり過ぎたのです、親の反対を押し切って結ばれようと努力しましたが思うようになりません。周囲の目が冷たくなればなるほど、二人の心はなおさら強く結ばれて、もうどうすることもできない関係となっていました。

娘の親は、娘のためにも早くあきらめさせようと、遠くへ奉公に出したのです。そのことを知った傷心の男は、ままならぬ世をはかなみ、岩上から飛び降り自殺をして、親に死の抗議をしたのです。後日そのことを知った娘も、もはや自分一人では生きてゆけないと、淵に飛び込み命を断ちました。

こうして恋こがれた二人は引きさかれ、それぞれ相手を思いながら死んでいったのです。ところがそれから数年たつと、今までこの辺りでは聞いたことのない悲痛な叫び声が、火の玉となって真夜中に空中を飛び交うようになりました。遠くの方で「ノー」と相手を呼ぶ魂の声がすると、しばらくしてはるかかなたの空からかすかに、悲痛な叫び声が「スイー」と聞こえてくるのです。

村の人々は言いました。「かわいそうに、地上で結ばれなかった二つの魂は、夜になると一つになろうと空中を飛び交っているのだ」と――。

乗鞍岳（野麦峠より）

山伏の湯の怪（乗鞍岳）

平湯温泉から神岡町への車道を少し下った川沿いに、山伏の湯と昔からいわれている所があります。ここには温泉が湧出しているのですが、近くに平湯温泉をはじめいくつかの温泉があるので、だれも手を付けずにそのままになっています。昔は薬効があり、利用者もあったのでしょうか、近くに古い祠があり、落合薬師と呼んで薬師如来が祀られていました。

昭和四十五年のことです、ここを通る蒲田線の拡張舗装工事があり、工区を請け負った土木業者が、飯場を建て、トイレをこの祠のあった上の大杉の所に造ったのです。人夫たちが宿泊してこのトイレを使うようになったところ、夜中になると何ものかにうなされて、気味の悪い夢ばかり見るのです。人夫頭が何かたたりがあるのではと、易を見てもらったところ、トイレを建てたところがたたっているということでした。そこで例のトイレを取り除き、神主を頼んでおはらいをしてもらったら、異変も起こらなくなったということです。しかし人夫頭はその後のたたりを恐れて、工事現場から取れた大きな石を碑として、かつて薬師如来を祀ってあった辺りに祀りました。

これは実際にあった話で、今もその石はそこに祀られています。

梓川の水神の祟り

横山篤美

私の生まれ育ち、そして今も住むところは世に知られる日本アルプス梓川の辺《ほとり》の小集落橋場《はしば》である。谷は狭まり両岸絶壁の峯は陽を遮って、特に冬は日が短かく半日村ともいわれている。今は上流に出来た発電用の大ダムに清流が奪われ惨めな河床を曝け出しているが、以前は早川の水の音がごうごうと流れ、夜半の枕は「枕の下を石《いわ》走る音」に聞こえる風流の環境であった。

川流れ

しかし槍ヶ岳に発する梓川は急流で荒れ川としても知られていた。六月梅雨時、十月の秋霖には間間《まま》濁流渦を巻く猛威は人々を恐れさせた。たとえば、雨は降り止んだが深く垂れこめた雲の下、無風の日中に瀬音のみが狭間にこだまし、あたりは凄絶の気に満ちている。こんなとき消防の鐘が烈しく鳴ると、法被姿の消防手が鳶口を担いで村なかを行きかう。梓川に川流れ（流死人）があるという。

この川には不思議とこういう状況のときに、またかというほど川流れは多いのであった。そし

梓川と橋場村
（「信濃奇勝録」天保７年）

て、これも不思議に流死人があると洪水は退き天気になるのである。そこからよく、梅雨どきなど長雨が続くと村では、梓川に川流れがなければお天気にならないと話し合うのであった。だが、これは毎年のことではない。それにこの厄に遭うのは、この渓谷を旅する人に多かった。昔の道は悪かった。これに長雨にゆるんだ崖が崩れかかると、通行の人もろともに梓川に押し込むのである。

およそ川が近くにあるということは、人々に死を誘《いざな》うもののようである。事実、ここでは川に転落死も多かったが、むらの者の入水《じゅすい》も珍しくなかった。昔から数えるとそれこそ無数といえるが、特に不思議というか奇々怪々の一事を取り上げてみたい。

時は明治の初め、橋場のむらに藤屋の屋号で広く白木商いを営む岩次郎という者があった。その家内に病人が出た。それほど老けてもいないが老婆といった。だが、男女とも四十歳を過ぎるともう爺、媼《うば》といわれた時代である。昔のことで医者にもかけず家に臥せって何日か経ち、もういけないというので親類縁者が枕元に集まった。ところが、大勢が入れ替り立ち替りするその隙《すき》に病人の姿がふと消え失せた。長患いでもないので脚は丈夫のはずである。どこへ失せたかとむら中の捜索となった。山の方へは道は一筋である。誰も登ったところを見た者がないといえば川辺を捜すしかない。むらの下手には有名な雑炊橋があり、その下は「清水の河原」となっている。その川辺にわらぞうりが二つ川に向けて揃えてあるのを見付けた。やはり川へ身を投げたのであ

梓川周辺要図

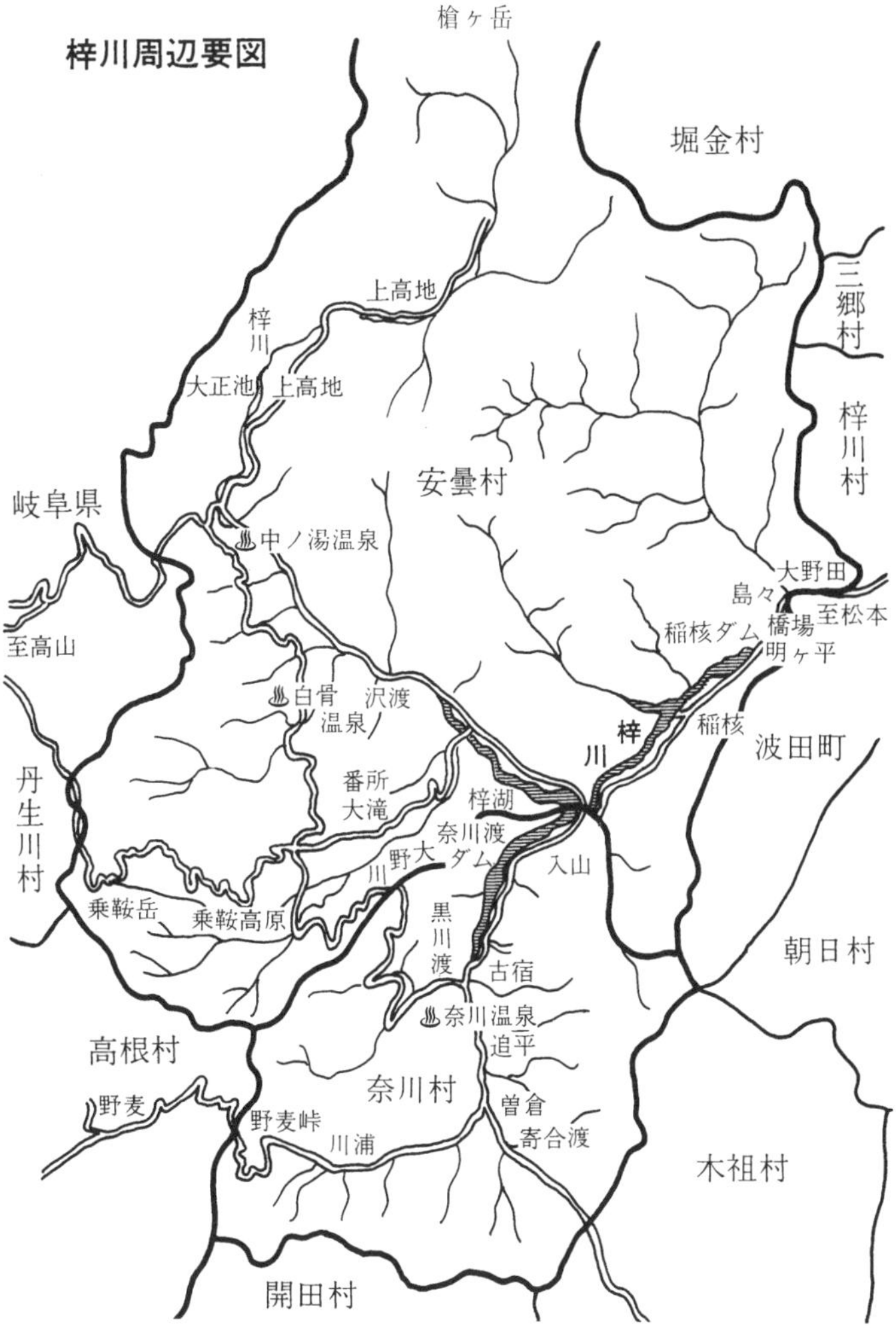

槍ヶ岳
堀金村
三郷村
上高地
梓川
大正池
上高地
梓川村
安曇村
岐阜県
中ノ湯温泉
大野田
島々
至松本
至高山
稲核ダム
橋場
明ヶ平
白骨温泉
沢渡
梓川
稲核
波田町
番所大滝
梓湖
丹生川村
奈川渡ダム
野麦川
大野川
入山
乗鞍岳
乗鞍高原
黒川渡
朝日村
古宿
奈川温泉
追平
高根村
奈川村
野麦
曽倉
野麦峠
寄合渡
川浦
木祖村
開田村

る。そこで、むら中を挙げて川下の捜索となったが、折からの洪水で見つけることは至難であった。

曲輪《がわ》杣《そま》の村

話は変わる。橋場のむらは昔から曲輪《がわ》杣《そま》（曲げ物細工）の多いことで知られていた。仕事は広い山中に良木を求めて伐り出し、定尺に玉切って割り取り、または扮《へ》いで曲げ輪にするのである。広い山中でも適樹の良木となると少ない。ひとたびそこを伐り終えると他の山へ移るしかない。こうして中部山岳地帯を一巡すると、歴史的には甲州（山梨県）、上州（群馬県）を順押しに渉り歩いている。つまり、橋場は旅稼ぎ常習のむらであった。当時、四十軒のむらに杣数三十二人といえばその実態が知れよう。三月の末にむらを出て十二月二十五日には必ず帰るという定則によっていた。この人数がみな同じ所へ行くことはなく、行くにも日を違えていたが、一団となったものは長い留守を預かる家内の者に別れていくと、むらの者は揃って当時の街道であった飛驒街道の鍵掛峠まで送って行く。ここからは橋場のむらはすぐ目の下に見渡せる。そこに持参の莚《むしろ》ござを展《の》べて別れの宴を張るのが長い間の例となっていた。いくら慣れていても九ヵ月の別居は涙が先だつ。むらにこんな唄が残っている。

甲州出がけの吸いつけたばこ、涙じめりで火が付かぬ。初の旅だにまつめてたのむ、たのみますぞえ末長く。

「吸いつけたばこ」には説明が要ろう。昔は女がキセルのたばこを一口吸ってから男に渡すのが、男女相愛のしぐさであった。この場合も、人によっては何人の女からも吸い付けたばこを渡されたに違いない。また、わが子を初めて旅へ出す母親には先輩おとなに頼むもねんごろである。

　旅立ちには、道具類・着替えなどを薄い蒲団一枚に包んだこんだ（小荷駄）を背負って行く。一日に十里を目標に歩いているが自然に決まった宿屋ができていて、老若合わせた一団も滞りなく旅ができるのである。ある年の話、鍵掛峠上での別離の宴が果てかねて、気が付いてみると日はもう西に傾いている。これからでは予定の宿へはたどれない。また明朝の出直しだといって莚を畳んで帰ったという。昔は一体にのんびりであった。

　こののんびりは一夏の山小屋に入っても改まらなかった。もちろん先方の元締の手に属して仕事をするのであるが、杣の一小屋は同じ仕事をしてもこれは銘々の出来高と巧拙による仕分けで勘定する仕組である。明治二年、杣頭篠右衛門に率いられた一団は甲州巨摩《こま》郡飯富《おぶ》村の元締いづみ屋源六の手に属して働くことになった。今残っている「曲輪山勘定帳」を見ると、一夏に山小屋で食べた米・味噌・塩・酒・たばこ・茶の類は載っているが、魚類はわずか、野菜類の皆無は解せないことである。もっとも野菜は山で作るかそれとも山野をあさって山菜を採ったとも考えられるが、米の多食は一般の習いであったのである。

「大城曲輪山勘定帳」（明治４年）

　毎年のことで山小屋住みの不自由は慣れているが、ときには息抜きに村、町へ下って酒屋に寄り付くことも習慣になっていた。あるとき山元の大城村に下って一軒の酒屋に寄った。もう長い馴であった。

染みの店である。この場合の勘定は元締の容認するものであったので、みなハメを外して寛ぐのであった。

この時、酒屋の主人が改まって言い出したのは、――あんた方確かに信州の橋場だね、長いお付き合いで知っている。ところが先日夕方、わしの店へ見たこともないご婦人が来て、こんな(手で形を作って)小さな入れ物を持ってきて、「これに酒三升入れてくれ」という。何を言うかこんなものに三升入るものかというと、「いや、大丈夫入るから入れてくれ」という。半信半疑に一升入れると底の方に沈んでいる。二升入れてもまだ口許へは届かない。三ばい目は案じ案じ入れると、全く入れ切ってまだすいている。不思議なこともあるものと、とにかく勘定を貰って渡した。そのとき「おばさんこの辺りでは見かけないが国はどこかね」と訊くと、はっきり信州の橋場といった。この人は表口から入って出るときは脇口から出て行ったが、その敷居を出たと思う途端に見えなくなった。恐ろしくなって戸口戸口を閉めようと土間に下り立ってみると、その女の立っていた地面はびっしょり水で濡れていた。そう思ってみると、女の着物は普通ではなかった。水を浴びて出てきた姿であった。これはあんた方に訊けば分かるかと、実は待っていたのだという。聞いた小屋仲間の者も合点がいかない。話は話ときいて村へ帰ってきた。すると、さきの藤屋のばあさんの梓川へ入水の日と時が一致するのである。それは分かっても、信州と甲州の遠国のことである。双方の事実を結びつけるには遠すぎる。また、梓川で流死したものが甲州に現われるなど夢幻の世界である。これは理解できないまま今日に伝えている。しかし、この話ここで終わらせることはできないわけがある。それは橋場の藤屋岩次郎方の後日談である。

「日雇《ひよう》」の危難

前に述べた橋場の藤屋岩次郎家はその子亭十、孫宇内の代になって波田村上海渡《かみかいど》の深沢家の娘いまを宇内の妻にもらい受けた。その代りという形になるが、橋場の加藤菊次郎をその深沢家の跡取りにやった。菊次郎は安曇村でただ一人西南戦争に応召している。元もと梓川に長く行なわれた諸木川下げの「日雇《ひよう》」仕事を得手とするものであった。松本藩によるご用木川下げは明治七年を限りに止んだが、後に続く山師事業の川下げには波田村上海渡を中心とする日雇の仲間を率いてその日雇頭であった。梓川上流の諸山から伐り出す木材はみなこの菊次郎の手にかかったのである。ここで「日雇」の語について説明すると、日雇はこの土地ばかりでなく木曾谷ひいては全国的に使われている。つまり鳶口一本持って諸木の川下げに従事し、また寺社など大建築、橋の架け方などに大材を扱う者のことである。世間では往々日雇《ひやと》いに解して、深くは知らないのを遺憾とする。

日雇は危険な仕事である。自然、水神様を祀ることに熱心であった。川上から下流へだんだん日雇小屋を移していくに、小屋ごとに水神様を祀り灯明を怠らなかった。それは日雇の事故が絶えないためであった。鳶棹一本で冬の梓川に入り、または川を渡り歩くことは危険極まりないのである。

この菊次郎には女子三人あり、その二女やす江は橋場の宇内の長男保雄の妻に、保雄の弟謹一は菊次郎の末娘の聟に行くという相互交換の縁組をした。菊次郎家は女子三人のため長女に聟をとったがこれには子がなく、ために三女を準養子として家を継いだ。謹一はこうして深沢家の当主となったのである。

家は農業をもって立っていた。謹一は家を継いでも農作業は得手でない。島々発電所に勤めて農業は妻に任せきりである。異変はこの頃から発《おこ》った。謹一夫妻の内に出来た女子はまだ小学校へ上るかどうかの頃、付近の溜池へ落ちて助からなかった。すると、それに続くように子供の母は梓川に身を投げて大騒ぎになった。もちろん助からなかった。世のたとえに二度あることは三度あるというが、そのとおり謹一は間もなくさきの二人の跡を追うように梓川に入水して果てた。ところが、因縁というものかこれが橋場の藤屋にもそれが回ってきたのである。

上海渡深沢家から来た保雄の妻やす江は二人の中に三男三女をもうけたが、長男は戦死し二、三男とも外へ出た。長女は亡くなりあと二人の内次女は他所へ行き末娘が家に残っていた。夫保雄が亡くなると、あとは末娘よし子と二人で暮していた。その頃から母親やす江の挙動がおかしくなった。住居はわずか歩くと梓川の流れにのぞむ位置にある。川が平水のときはその徴候はなかったが、増水して川の瀬音が高まるとじっとしていられないらしく、家の戸口を出て直線に川辺へ向かう道を、目を吊り上げ血相を変えて走り出すのである。よし子は見つけて手を取り足をとって家へ連れ戻したことは幾度かである。よし子自身が人に言っていた。うちの母さんは洪水になると目を放せない、と。しかし、やす江にとって運命の日は昭和五十年七月十二日の大洪水であった。

この日、よし子は近所にお茶に招ばれて迂闊にも家にいなかった。消防の鐘の鳴るのを聞いて飛び出し、やっと母が梓川へ飛び込んだのを知ったのである。その時の様子はむらの松瀬松次が見て知っている。藤屋の婆さんが杖をつきながら小走りに川下に向かう。雑炊橋の下の清水の河原へ走って行く。なぜか分からないので止めもしなかった。そこは梓川の流れが蛇橋の淵に渦巻いてから橋の下を潜って流れ下るので、大きなうねりが絶えず岸へぶっつけるところである。その岸へ向かう川のうねりにすがるように、両手を前に差出したまま波に呑まれていった。持っていた杖を先に川に投げてからであると、松次の話である。消防団の総出動となったが、稀な大洪水のため処置なしであった。三、四日して減水した下流の河原でやす江の遺体は発見された。

橋場の加藤、上海渡の深沢両家にわたる因縁の糸にあやつられたのである。だが、元は川と水にあることはもちろんである。村の者はみな知っている。昔からこの川で死に、あるいは怪我したものはみな水神様の祟りであるということを。ことに日雇頭をした菊次郎には、またそれに連れて家内の者には、これが大きく作用したのだと理解するのであった。

現在の雑炊橋

水神の祟りと龍宮社

これを証拠だてることは梓川上流の沢の渡《ど》に例が見られた。大野川村の筒木宇伊蔵は明治の初めに沢の渡に出て、畑を拓きながら安曇村の山師連の伐り出す薪《たきぎ》、板子などの川下げを請負っていた。配下はかなりあって、ひと流しに何千間という大量の薪の川下げも大野川の者だけで十分であるというほどになっていた。川下げにほとんど付き物とみられる水死などの事故は宇伊蔵存命中も絶えなかったが、宇伊蔵が死に代が替ってもこの家に付きまとった。それが配下の日雇に止まらず家内の者に及ぶに至って、これは不思議と感づいた。ほうげん様という行者に占ってもらうと、水神様の祟りであるという。そこで屋敷内に祠を建て祀ることにし、毎年日を決めて水神様に供養を怠らなかった。だが、供養につとめても不幸な事故は続くのである。

筒木家は、いつからか金田屋の屋号で土木請負業に転じていた。当主筒木安道は松本に請負入札があるといって家を出たが、折からの洪水で道が不通となったので、奈川の谷から境峠を越え木曾廻りを計ったところ、途中でこれも洪水のため道路決潰し谷川に転落横死を遂げた。やはり川の水に関わることである。ところが、その後事業主となった血縁でない者が、奈川渡ダム湖の上部で車ごと飛び込み行方が分からなくなった。これは数日して死体の浮上で引上げることができたが、度重なる水の事故はやはり水神様にまつわるものとして、当家はもとより世上一般に恐れをなしている。

梓川の流程五〇キロのうちに龍宮淵と呼ぶところが二ヵ所ある。いずれも支流の本流へ流れこむ地点。黒川の梓川へ入り込むところの龍宮淵は底深く、物の本に「流れ入るは見ゆるも出ずるところは知りがたし」とある。この淵の上には龍宮社が祀られている。つまり水神様である。もう一つ、沢の渡の霞沢が梓川に入り込む地点の龍宮淵は名だけで水神は祀られてはいない。底知れぬ碧潭《へきたん》を湛えていることは同じである。

ここに童話の世界の龍宮を想定したのは素朴な表現である。前者は島々村中の祭りとなって続いてきたが、明治四十年の内務大臣による神社合祀令によって氏神社境内へ移転となった。しかし、ほどなくまた元の所に戻った来歴がある。村人の信仰が内務省令を押し返したのである。しかしこうなっては島々村中の祭りではなく、一部区域のものとなったのは止むないことである。

昔は旧暦七月十四日を祭日として賑かであった。この日は夜宮の祭りで祭事を済ませてから、満月の明かりに若者たちの競泳があったという。水量の多い梓川もこの時季になると水が涸れてきて、祭りの終わった翌日から子供の水遊びを許したというのはうなずけることである。

龍宮淵上の龍神様

この龍宮社はまた椀貸し伝説でも有名であった。昔は吉凶とも挙式は古例をとって崩さず、貧困の者は他所から借りても膳・椀を華麗に揃える習いであった。何人島々村の某はその算段に窮してある夜龍宮様に願をかけた。何人前の調度を授けられますようにと。その翌朝、再度のお詣りに行くと社前にそれが揃っていたという。某は喜んでお借りして祝事を済ませた。これがいつか村中の評判となり、龍宮様の椀貸しは続いた。ただし、必ず紙に欲しい数量を書いて祠の中へ入れることであった。ところが、ある時を限ってこの願いが効かなくなった。それは島々の者でお借りしたものを返さず自分の物にしてしまったからであるという。それが判ったのは、有りようもない家にそれがあるのを見た人の口からであった。なおご丁寧に、その椀には丸に四ツ目の紋が入っていたというのである。後年、説く人があってそれは村の裕福な物持ちが、慈悲心から龍宮様を介して貧しい者を援けたことの粉飾とするに至っている。しかし、それは事実であったのである。

北アルプス山麓の怪異譚

胡桃沢 友男

満願寺のお小僧火《こぞっぴ》

北アルプスの麓、長野県南安曇郡穂高町牧の栗尾という老杉鬱蒼と生い茂る山中に、信濃高野とも呼ばれる真言宗の名刹で、安曇野の人びとの信仰を集めている栗尾山満願寺がある。寺の入口に流れる川は三途川《さんずのかわ》といい、橋を渡った所には賽《さい》の河原もあって、この地方の人びとは死者の霊はここに集まるという伝承を語り継いできた。昼なお暗き木立の中の苔むした階段を一七〇段ほど登りつめた所に本堂があり、近年は安曇野観光コースに加えられて訪れる人も少なくない。ここには「満願寺のお小僧火《こぞっぴ》」という伝承がある。

安曇野から夜のとばりのおりた西山――北アルプスの山腹を見ると、満願寺の方向に灯火のゆれ動いて光っているのが見えるので、満願寺の灯りであろうか、それともどこかにあげたお灯明かと思ってその方向に歩いて行き、やがて烏川の西岸に渡ると灯火は見えなくなる。この怪光を安曇野の人たちは昔から「満願寺のお小僧火」と呼び、次のような話が語り継がれている。

栗尾山満願寺

満願寺の北の方へ約一〇〇メートルほどの山の中に、昔この寺の末寺であったという小さなお堂があり、満願寺の住職は戒行として、丑満時《うしみつどき》にお灯明を献ずることになっていた。何しろ場所が山深い所で杉や檜の老木が生い茂っていて、しかも草木も眠る丑満時ともなれば、あたりは一寸先も見えぬ真っ暗闇であった。そのうえ、何一つ物音もしない静寂だったから、この山中に起居していた住職でも、こうした所を歩いてお灯明を献ずることは、身の毛もよだつ思いであった。

今から百七十年あまり前、このことから戒行を怠る住職があり、お灯明を献ずることを十歳あまりの小坊主に言いつけた。小坊主は夜の山道を歩くことの恐ろしさに、つい怠ることがあったが、たまたまこれが住職にみつかってしまい、厳しい折檻を受け、遂にはうち殺されてしまった。そこで住職はお堂の近くの老杉の根本に小坊主の遺骸を埋葬した。

その翌晩のこと、住職は何くわぬ顔をしてお灯明をともそうとお堂の所に行くと、その老杉の枝にはお灯明がゆらゆらとゆらめいているではないか。住職は腰を抜かさんばかりに驚き寺に逃げ帰ったが、心中恐ろしさがつのるばかりであった。そこで前非を悔いていずこともなく旅立って行き、遂に行方知らずになったという。

それ以来小坊主の怨念がとけず、毎晩このお灯明は消えることがなかったとのことで、やがて

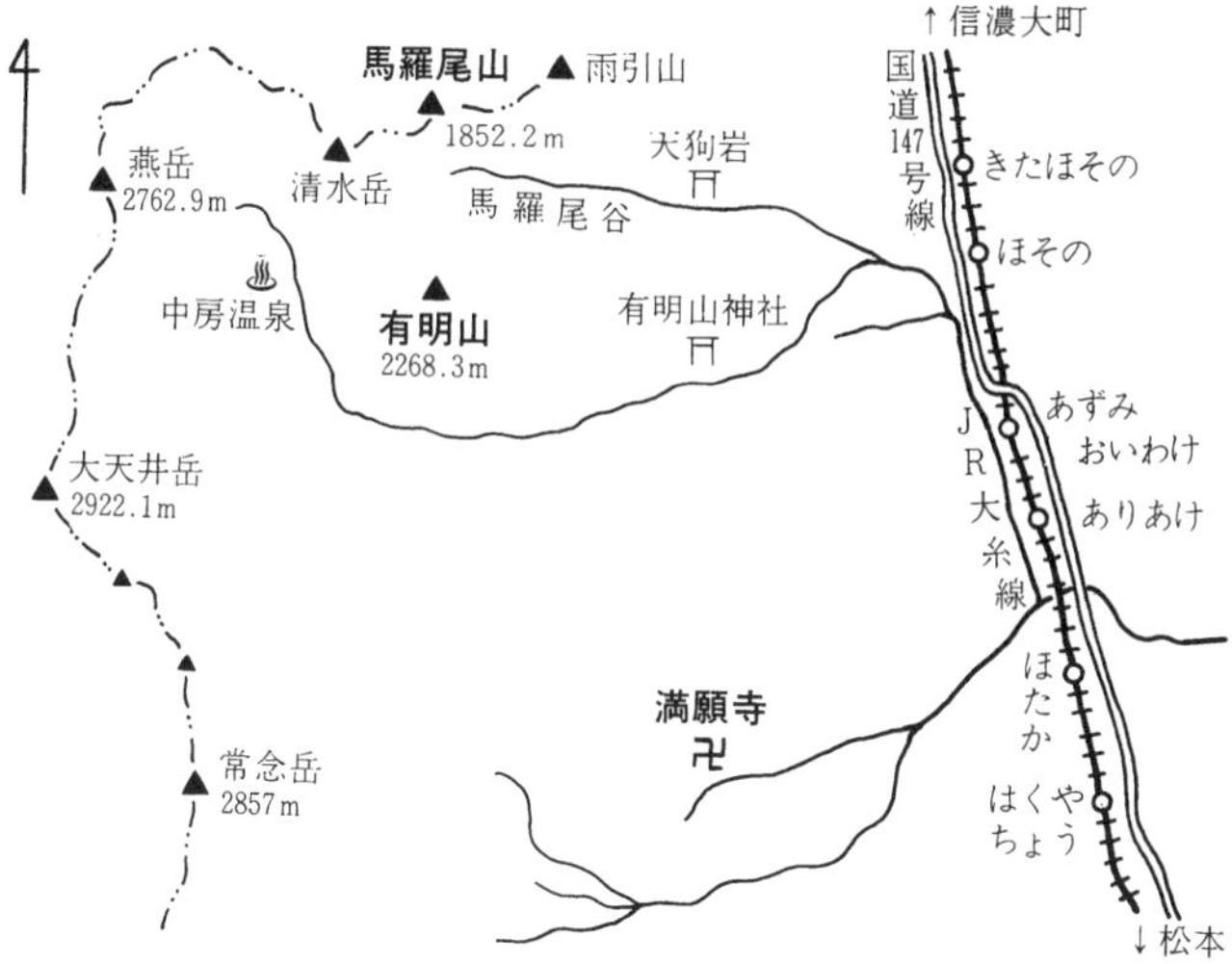

「満願寺のお小僧火」といわれるようになった。

しかし、現在はこのお小僧火はもう灯らなくなってしまった。

信《のぶ》の宮

安曇野の人びとに信濃富士と呼ばれて親しまれている有明山の馬羅尾谷《ばらおだに》に、正面を山に向け里に背を向けるという、普通とは変わった建て方をした小祠がある。この小祠は信の宮といい、子供が鬼に化けたのを祀ったものであるという。これにはこんな咄が伝承されている。

現在は北安曇郡池田町会染《あいそめ》となっているが、ひところは会染村の林中と呼ばれた所に、金持ちの百姓で久兵衛という者が住んでいた。そして、久兵衛には信太郎《のぶたろう》という独り息子がいた。

ある年、信太郎は友だち数人と馬を牽いて馬羅尾谷の奥へ笹刈りに行くことになった。高瀬川を渡って有明山の麓に行き、馬羅尾谷に入っていっ

初夏の安曇野と有明山

た。この谷には天狗岩という大きな岩があるが、そこまで行くと信太郎は突然馬の背に立ち上がった。友だちは驚いて信太郎を見上げると、こんどは天狗岩の上に飛び乗ってしまった。すると信太郎の背丈がぐんぐん伸びて、みるみるうちに雲をつく巨人になった。そして、山々をひとまたぎにして立ち、友だちに「さらばよ、さらばよ、さらばよ」と三度叫んだ。その声は雷のように山々谷々にこだまして響きわたり、友だちたちはあまりの恐ろしさに耳をおさえて立ちすくんだ。信太郎は山や谷をまたぐようにして山の奥のほうに歩きだし、たちまち姿が見えなくなってしまった。

　こうした突然の出来事に、友だちは驚きおののいて、すぐさま山を下り村に帰って、ことの一部始終を親の久兵衛に話した。これを聞いた久兵衛は嘆き悲しみ、畑仕事も手につかぬようになってしまった。

　ところが不思議なことが起こった。五月のころになると、鍬の入らぬ久兵衛の田が一夜のうちに耕され、稲の苗が植えられているではないか。それればかりではなかった。秋になって稲がみのると、一晩のうちに稲が刈り取られて積み上げられていたのである。

　この不思議は三年続いた。一説には、不思議だと思った老婆が障子の穴からのぞくと、鬼の姿になった信太郎が田で働いていた。だが、それ以後二度と来なくなってしまったという。

　そこで村人たちは、信太郎の霊を慰めようと天狗岩の近くに小祠を建て、山のほうに向けて信太郎を祀った。これが信の宮であるという。

牛方三十郎と山姥

山国信州の松本と日本海沿岸の糸魚川とを結ぶ糸魚川街道は「塩の道」あるいは「魚の道」といって、昔は海の幸を山国に運ぶとともに、山国の産物を海辺の地方に運び出す交易の道であった。なかでも佐野坂以北の、白馬山麓から姫川に沿った道は、渓谷を渡りいくつかの峠を越えなければならぬ嶮路であるため、荷物の運搬にはもっぱら牛が使われていた。

昔、牛を追ってそうした荷物の運搬をしていた牛方に三十郎という者がいた。ある日のこと三十郎は干鱈《ひだら》を牛の背につけて越後側から大網《おおあみ》峠にさしかかると、年を取った山姥が出てきて三十郎を呼びとめ、

「干鱈を一枚くれろ」

と言う。三十郎は、

「これは大網の庄屋様へ届けるものだで、やれぬ」

と断わったが、山姥は恐ろしい顔をして、

「そんなことを言うなら、干鱈も牛もみんな食っちまうぞ」

と言っておどすので、三十郎は怖くなって荷物の中から干鱈を二枚取り出して投げ与えた。すると山姥はひと口に干鱈を食べてしまい、

「三十郎や、もう一枚くれろ」

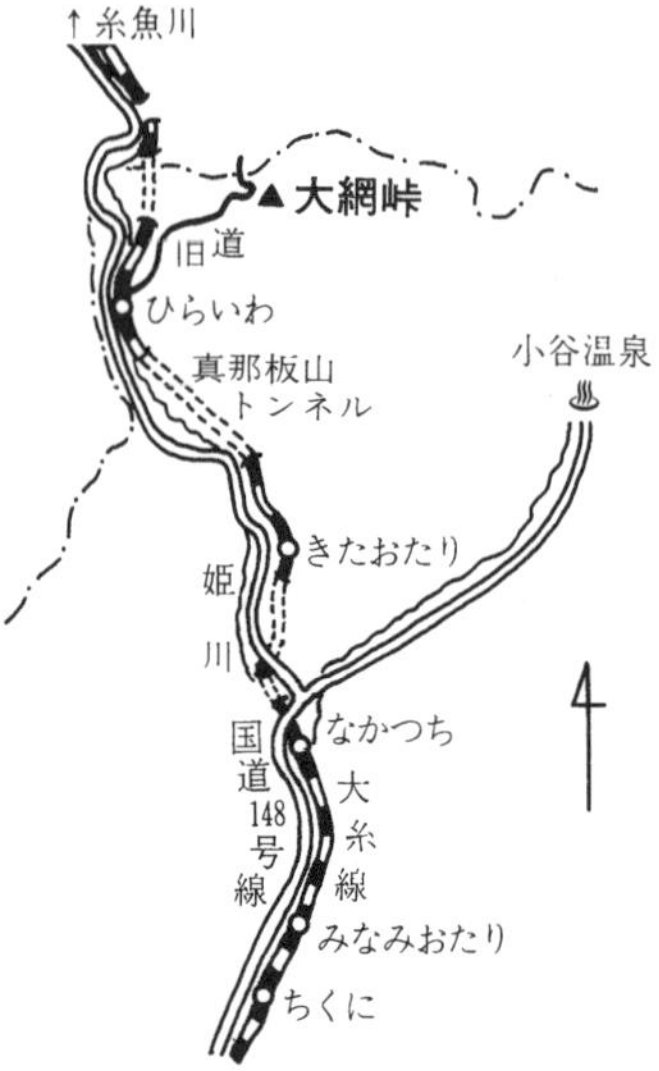

と言う。三十郎はもう一枚干鱈を抜き取ってやると、山姥はパクッと食べて「もう一枚くれ」としきりにせがむのであった。三十郎はますます怖くなり、干鱈の荷一梱を牛の背からおろして山姥に投げ与え、牛二頭を追って逃げだした。

しばらく行って三十郎がふり返ってみると、なんと山姥はすぐ後ろに来ており、しきりに、

「三十郎や、干鱈をくれ、干鱈をくれろ」

とねだるのである。こうなっては仕方ないと思った三十郎は、牛の背につけてあった干鱈の荷全部を投げだし、牛を追って逃げた。

しばらく走って、もう山姥はついて来ないだろうとふり返ってみると、こはいかに、山姥はすぐ後ろに追いついてきて、今度は、

「牛をくれろ、牛をくれ」

と言うのである。びっくりした三十郎は、牛をそこに置いたままあてどもなく一目散に逃げてくると、山姥は二頭の牛をまたたくまに食べてしまい、また後ろから追いかけて来て、

「今度はお前を取って食うぞ」

と言った。これだけは承知するわけにいかないので慌てて逃げだし、山の中を無茶苦茶に逃げ

た。すると、一軒の家があったのでこれ幸いと駆け込み、二階の藁すべの中にもぐって隠れた。ところがなんと、この家は山姥の住み家で、しばらくすると山姥が戻って来た。三十郎は息を殺して耳をすますと、

「干鱈を二駄、牛を二頭食ったが、牛方を逃がしてしまったのは残念だ」

と山姥は独り言を言いながら家に入り、

「きょうはくたびれたから、二階へ上がって寝ようか」

と言って梯子を上りかけたらしく、「ミシリ、ミシリ」と音がした。これはえらいことになったと、三十郎は胆《きも》をつぶさんばかりに驚いた。「ミシリ、ミシリ」という音が大きくなると山姥は、

姫川渓谷

「梯子が折れちゃ危いから、二階はやめて、石の唐櫃《からと》にしようか木の唐櫃にしようか、石は冷めたいから木の唐櫃にしよう」

と言って梯子を下り、木の唐櫃の中に入って寝てしまった。

危ないところを生命拾いした三十郎は、山姥がよく寝入ってしまったところを見計らって、そっと梯子を下り、

「どれ仇討ちをしてやろう」

と山姥の寝ている唐櫃の蓋に石を幾つも置き、囲炉裏《いろり》の火を焚いて湯をぐらぐらと沸かした。そして、錐《きり》で唐櫃の蓋に穴をあけ始めた。錐をもむ音で山姥は目をさましたようであったが、

「きりきり鳴くのはきりぎりす」

などと言って、また眠ってしまった。

やがて三十郎は錐の穴から熱湯を唐櫃の中に注ぎ込んだので、山姥は苦しまぎれにあわれな声で、

「三十郎、干鱈も牛もみんな返すで、どうか助けておくれ」

と哀願したが、三十郎はかまわず湯をどんどんと注ぎ込んだ。

しばらくして蓋をあけて見ると、さっきの山姥は大きな山蜘蛛《やまぐも》の正体をあらわして死んでいた。

飛騨宮川村の蛇変化

青木自由治

高山市の真ん中を突っ切って北に流れる宮川は、国府町、古川町を通り抜けると山に分け入る。そこから先が宮川村で、ちょうど信玄袋のような形の村は面積一九六平方キロ。村域は広いものの、ほとんどが山林で、人が生活できるのは宮川沿いにできた河岸段丘や扇状地だけで、全体からみればほんの一部。この中に現在、約一六〇〇人が住む。JR高山線に乗れば、四十分たらずで村に着くほど、高山からさほど遠くはない。ところが、鉄道が開通するまでは町の衆から「山中（さんちゅう）」と呼ばれ、僻地のように思われていたらしい。

そういう土地柄だから、山の怪異譚もたくさん聞けるのではないかと、はじめて村を訪ねたころは、折にふれて村の人たちに問いかけてみたが、あてがはずれた。話に乏しいわけではない。天狗に河童、むじなに狐など、一通り役者は揃っているけれど、ひそかに期待していた山姥や一つ目小僧は、「よそにそんなもんがおる、という話をきいたことはあるけど、うちの村にはおらなんだようだな」といった具合で、どうやらこのてのスターたちは、ここまで巡回ツアーに来なかったようだ。

姿を変えたり人を化かすのは、全国どこでもお馴染のむじなや狐、それにかわうそがいる。今はほとんど幻の動物に近くなっているかわうそが、宮川流域から姿を消したのは、それほど古いことではないという。昔は、美女に化ける能力をもったやつもいたらしいが、昭和になってからはそうした高度の技を磨く努力家が減ったとみえ、時々人にわるさをするくらいになってしまった。

何でも、かわうそはろうそくが好物なのだそうである。夜道、提灯をさげて歩いていると、突然火が消える。「あっ、やられたな――」と提灯にさわってみると、底が抜けてろうそくはない。これは、かわうそが音もなく飛びつきざまに、ろうそくをくわえていったのだ。昔のろうそくは、いうまでもなく和蠟でつくられている。かわうその好物は、この和蠟にちがいない。飛驒古川の和ろうそくは、観光の目玉にされるほど世に知られているが、いまどきの家庭でふつうに使うろうそくはほとんどが洋蠟、つまりパラフィン製である。これではかわうその口に合うまい。しかしもしかすると、うかつなかわうそたちがパラフィンろうそくを食いすぎ、腹をこわしたのが絶滅につながったのか。

さて、姿を変える動物として忘れてならないのが蛇、ここ宮川村にも蛇の変身物語がいくつか残っている。そんなのはありふれている、とお思いだろうが、似たような話でも蛇に対する思い入れは土地ごとに違い、語り口もさまざまである。飛驒の山中にもちこまれ、いつしか自分たちの村のできごととされて根をおろした、あわれにもかなしい蛇の話をきいていただきたい。

宮川村要図

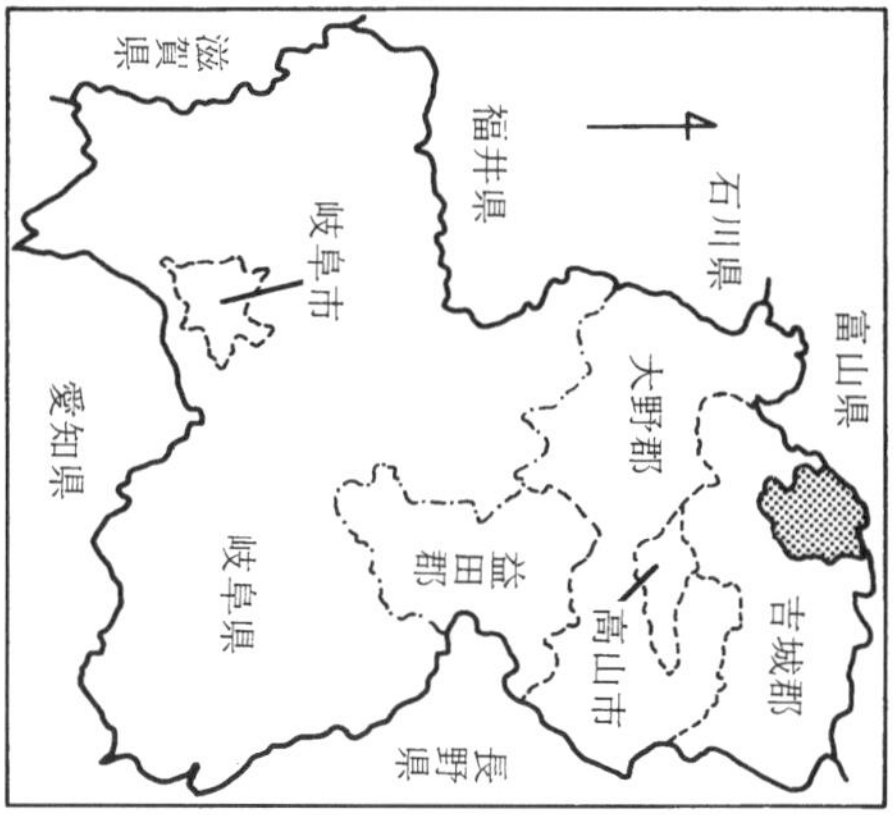

富山県
石川県
福井県
滋賀県
岐阜市
愛知県
大野郡
吉城郡
高山市
益田郡
岐阜県
長野県
宮川村の位置

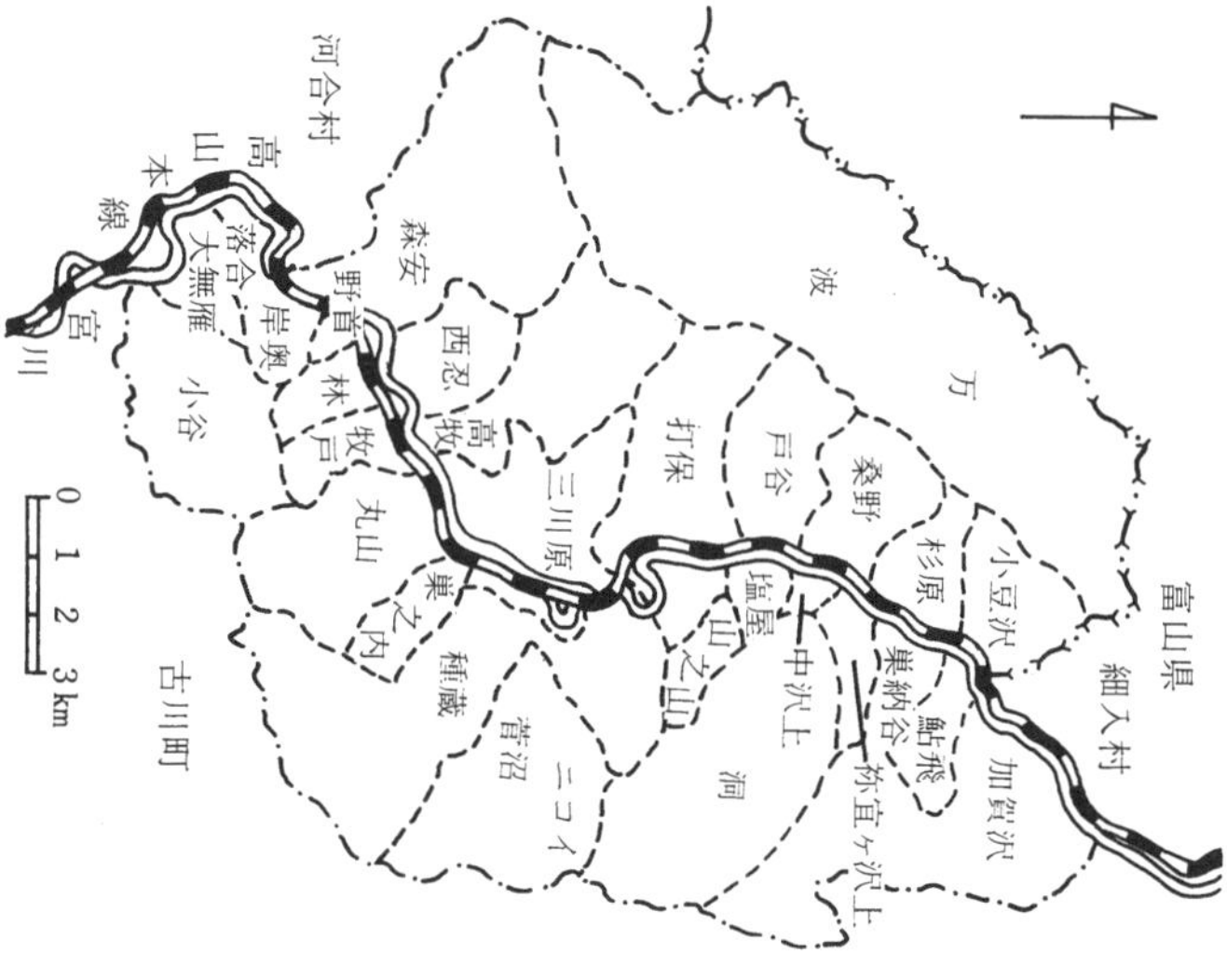

富山県
細入村
河合村
高山本線
古川町
宮川
波
万
森安
野首
西忍
落合
大無雁
岸奥
林
高牧
牧戸
小谷
打保
戸谷
桑野
杉原
小豆沢
三川原
丸山
東之内
塩屋
中沢上
巣納谷
鮎飛
加賀沢
山之山
種蔵
菅沼
ニコイ
洞
祢宜ヶ沢上
0 1 2 3km

嫁ヶ淵の蛇女

宮川が流れこむ袋の内側、いちばん口もとに近い集落が岸奥（きしょく）である。ここに、代々「孫右衛門」を名乗る家があった。宿屋を営んでいたといわれるが、いまの旅館業とは程遠く、越中西道を往来する旅人に乞われれば泊めて、何がしかの金品を受けとるという、いわば民宿のはしりのようなものだったらしい。

雪に閉ざされてしまう奥飛騨の冬が明け、緑がようやく地面に広がりかけたある春の日の夕暮、孫右衛門の家に巡礼姿の若い女が訪ねてきて、一夜の宿をたのんだ。その夜、にわかに降りはじめた雨は季節外れの激しさとなり、二日、三日と過ぎても止む気配はない。増水した宮川から溢れ出た急流は道を洗い、とうてい女の足で歩けるはずもなかった。孫右衛門の老母が、この雨のおさまるまで心おきなく逗留していくようにすすめると、女は、ただ泊めていただくのはまことに相すまない、どうぞ仕事を手伝わせてください、という。そして、きびきびとたち働く様子をみて、老母はすっかりこの女が気に入ってしまった。

仕事の合間にそれとなく身の上をたずねると、私は江州長浜在の百姓の娘だが、望まれて京の呉服屋へ嫁入りした。しかし、昨年の秋、夫は四歳の女の子と私を残し他界してしまった。私は子供を姑に預け、亡夫の菩提を弔うためこうして諸国を廻っている、と涙ながらに語るのである。

老母は女に、ものは相談だが、ともちかけた。うちでも去年、息子の嫁を亡くし、こうして母一人子一人の暮らし。同じような境遇の者がこうして出会ったのも何かの因縁だろう、家の嫁になってはもらえまいか。女は、私の身寄りはとうに死に絶え、一人娘も婚家のもの、こちらの主人様さえご承知ならば、という。

老母が孫右衛門に事の次第を話すと、器量も気だても申分なく、長雨の間に女の働きぶりは十分見てきたことだから大喜びで、とんとん拍子に祝言の運びとなった。

こうして女は孫右衛門の嫁になったが、かいがいしい仕事ぶりは近郷にまで知れわたり、羨しがられるほど。大きな屋敷に母子二人住まいだった孫右衛門家は、生き生きと明るさをとりもどした。

ところが、それまでの無理がこたえたのだろうか、安心して気がゆるんだのだろうか、達者だった老母の衰えが日増しに目立ってきて、床につく日が多くなった。身体に力をつける食べものといえば、この山里では魚ぐらいなもの、親思いの孫右衛門は宮川で鮎や鱒を釣ってきたが、田畑仕事に追われる時期にはその暇もない忙しさである。すると、嫁が代りに川へ行き、行けば必ず魚を捕ってきた。不意の泊まり客が何人あっても、嫁は少しも困った顔を見せない。すうっと家を出て行くと、間もなく必要な数の魚を持って帰ってくる。時には、釣りに馴れた男たちでもたじろぐような大物が混じっていることさえあった。

そのみごとな腕前に、孫右衛門はただ驚くばかりだったが、ど

嫁ヶ淵

うして嫁がこれほど釣りに巧みなのか、気にとめることはなかった。こうして何年かが過ぎ、孫右衛門夫婦はかわいい赤子にも恵まれ、客も増え、いよいよ家は豊かになっていった。

ある日の夕方、畑仕事から戻ってきた孫右衛門が、何気なく川の方へ目をやると、はるか向こうに嫁の後姿がみえる。どうやら川へ向かっているらしい。魚をとりに行くのか、それにしては釣竿を持っていないが――。孫右衛門は急に、妻がどうやって魚をとってくるのか、知りたくなった。そうなると矢も楯もたまらず、孫右衛門は気づかれないようにそっと後をつけ、川岸に近い黍《きび》畑に身をひそめ、様子をうかがった。嫁は、深い淵にせり出した岩の上に立ち、しばらく川面を見渡していたが、やおら身を躍らせ、淵にとびこんだ。なかなかあがってこない。孫右衛門が息を呑んで見つめていると、水面が騒立ち大きな蛇の頭があらわれ、ゆっくり岩の上に上がってきた。その口には、しっかりと鱒をくわえている。孫右衛門は思わず叫んだ。

「こりゃ何と――きびの悪いことじゃ！」

その声を聞くと大蛇は、雷に打たれたように動きをとめた。そして、うらめしそうな、悲しそうな目で、しばし夫のいる黍畑を見ていたが、やがて傍らの岩に鱒を叩きつけると、身をひるがえして淵に潜ってしまった。孫右衛門は我にかえると家に駈け戻り、やっとの思いで事のあらましを話した。やがて気をとりなおした孫右衛門は、赤子を抱いて村人たちと淵へ走り、岩の上で声をからして、帰ってこいと呼びつづけたが、再び嫁は姿を現わさなかったのである。

妖怪の本性を見破ったあとも、孫右衛門の妻を恋い、なつかしむ心は変わらなかった。妻が残していった布地で着物を仕立て、せめてそれで幸せだった日々を偲ぼうと思った。ところが、切り取った残りの布が、いつの間にかもとの長さに戻っているのである。

こうしてこの布は、一尺ほど残しておきさえすればもとの長さに伸び、おかげで孫右衛門は生涯、布地に不自由しなかったという。何代か後になって孫右衛門の家から、娘を他村へ嫁入りさせることになった。そのとき、この重宝な布を持たせてやったが、なぜか布はもとに戻る力を失ってしまった。

蛇女房が孫右衛門に残していった愛情の形見は、もう一つある。米俵の米が尽きないのである。いくら使っても、米はもとの量まで増えていた。ところがある時、家の者が俵の底まですっかり払ってしまったら、それっきり米は増えるのを止めたといわれる。

この事件があってから、嫁が魚を捕りに行っていた淵は、「嫁ヶ淵」と呼ばれるようになった。正体を見破られてしまった嫁が、無念の思いをこめて叩きつけた鱒は、岩の上にくっきりと凹んだ跡を残した。今その岩は、孫右衛門の子孫、天木家の庭に移されているが、長い歳月風雨にさらされて磨滅し、それと指し示されなければ魚の形を見きわめるのは難しい。

天木家の庭に移された魚痕石（高さ1ｍ）

淵の近くには、大蛇の足跡というものもあったそうだが、何回かの大水に動かされ、やがて行方知れずになった。この嫁ヶ淵の話は、何ヵ所かで村の人たちに聞かせてもらったが、こんな経験もある。
「昔はな、蛇の足跡というのが残っておって……」

と一人が話している横から、

「そんなことあらすかい、蛇に足だと？」

「いや、それは蛇じゃのうて、蛇に化けた嫁さの足跡じゃなかろうかな」

というようなやりとりに、その場の一同大笑いになった。いったいどんな足跡だったろうか、今はもう確かめるすべはない。


天木家では代々、畑に黍を作ることを禁じてきた。孫右衛門が妻女の正体を見届けたのが黍畑だったところから、黍に呪いがかかり、それ以来、孫右衛門家で黍を作ると災厄にあう、とされているのである。後年、たまたま生えた黍を食べたところ、ほどなく怪火が起こり、家は全焼してしまった。

こんなことがあって黍への禁忌はいちだんと強まり、天木家にも引き継がれて現在に至っている。本家だけでなく、分家も同じように黍をつくらない。一説では、孫右衛門が蛇に変身した妻を見て、きびの悪い——と叫んだことから、黍を避けるようになった、という語呂合わせのような解釈もある。飛驒の方言では〝気味〟を〝キビ〟と発音するのだ。それにしても、姿を消した後もなお、孫右衛門への愛情を失わず、心やさしい気配りをしている蛇女が、夫の家に災いをもたらすような呪いをかけて行くというのは、何とも解せない。


今なお黍をつくらない、というのは本当だろうか。天木家の当主、一広氏におたずねしてみた。

「つくっておりません」

といわれる。やはり先祖代々の遺訓が生きているのか、と思ったら、そうではなかった。主食は完全に米に変わり、稗、粟、黍のような雑穀を食料にすることはないのである。
「いまさら黍をつくることもありません。天木と関係のない家でもつくってはおらんのです」
そういって一広氏は笑った。

池ヶ原の主、海へ去る

宮川村のほとんどの大字、つまり明治時代までの村が、宮川沿いに点々と開かれている中で、洞（ほら）は宮川に流れこむ洞谷を、七キロあまりもさかのぼった先にある。今でこそ隠れ里ともいえそうな、山奥の村になっているが、古くは数河から富山方面へ抜ける山道の中継点で、人の往来はけっこうあったようだ。

洞の南、やはり谷川の奥に菅沼（すがぬま）という集落がある。菅沼と洞を結ぶちょうど中間あたりに、地図にも「ニコイ」と片かなで書かれている変わった地名の高原があり、そこに「池ヶ原」と呼ばれる湿原が広がっている。春から初夏、水芭蕉や立金花が咲き競うこの湿原は、かつては大きな池だったと伝えられている。

このあたりの村々には白山社が多い。菅沼にも洞にも、白山社が祀られている。ある夏の日の暮れ時、洞村の百姓で、白山権現宮の社人をしていた藤左衛門の家に、美しい女が訪ねてきた。日も沈みかけて、とても下の村までは行き着けそうにない。一晩の宿をお願いできないだろうか、というのである。こんな山道を女の一人旅とは、とけげんに思ったが、とにかく招き入れて食事をふるまい、空いた部屋に休ませることにした。

洞の集落

それにしても美しい、いったい何者だろう、どこからやってきたのだろう、と、藤左衛門は気になってしかたがない。かといって、あれこれ詮索する口実もないし、と考えあぐねた末、とうとう辛棒しきれなくなり、そうっと戸のすき間に顔を寄せ、中をのぞいた。そこに女の姿はなく、部屋一ぱいに何やら丸いかたまりが見える。目をこらすと、それは大きな蛇がとぐろを巻き、寝息をたてているのだった。藤左衛門は「ああっ」と叫ぶと腰を抜かし、その場にへたりこんでしまった。この物音に目をさました大蛇は、たちまち女の姿にかえり、恐ろしさに顔もあげられずふるえている藤左衛門の前に坐ると、話しはじめた。

「私は、長い間池ヶ原に住みつき、地面の下の通り道を使って塩屋村の蛇淵へ抜け、宮川で魚を捕えながら暮してきました。ところが、さきごろの山崩れでその道が埋まり、かんたんに宮川へ出ることができなくなったのです。このあたりにはほかに良い住み場所もなく、どこかの海へ行こうと考えました。しかし常の姿をみせて、住み馴れたこの土地の人たちを驚かせたくなかったので、せめて村の中だけは姿を変え、人の形で下りて行こうとしていたのです」

藤左衛門は言葉もない。

「夜明けに大雨を降らせ、水かさの増えた宮川の中にまぎれて、海へと下ることにいたしましょう」

「わたしの不心得から、あなたさまの思いやりを無にしてしもうた。すまんことで、すまんことで……」

藤左衛門は顔を床板にすりつけ、くりかえしくりかえし、蛇にわびた。翌朝早く、蛇は去っていった。まもなく宮川の方角に黒雲がわき上がると、雷鳴がとどろき、目も開けられないほどの豪雨に宮川はたちまち増水した。その後、あの女も、また大蛇の姿も、見た者はいない。

宮川村は昔から、幾度となく山崩れにおびやかされてきた。安政の大地震では、旧村々のすべてが大きな被害をこうむった。災害の状況を克明に記した古文書も残っている。大蛇が去った後の池ヶ原も、この地震によりまわりの山々があちこちで崩れ、湿原の中ほどに古墳にも似た形の丘をつくった。「丸山」と名付けられている。塩屋の蛇淵は、大正三年の宮川氾濫で砂礫が流れこみ、すっかり荒れはてて往時のおもかげを失ったという。

美濃徳山村のモノ達

脇田雅彦

岐阜県は、美濃・飛驒両国に分かれ、徳山村は南部にある前者の西北端に位置する。その境は越前で、周囲は標高一二五七メートルの冠山を始めとする一〇〇〇メートル級の山をもつ典型的な山村である。この気候は、冬期になると北陸型となり、平均積雪が二・六メートルの多雪地帯に、夏期には太平洋側の影響を受け多雨地帯に代わる。こうした条件に育まれた植生は、ブナやミズナラ、そしてトチノキなどを主とする緑濃い原生林を形成していた。

この樹林の奥深くから、薩摩義士の治水で名高い川の一つ、揖斐川がその源を発し、豊かな水を伊勢湾に注ぎこんでいる。村内では、下流から下開田、本郷、上開田の集落をもち、ここで東谷と西谷に分かれ、西谷へは戸入、門入の二集落を散在させる。本流たる東谷には山手、枦原《はぜ》と続き、なおも遡行すると、ここでとり上げる塚集落に至ることができる。

塚から越前へは、冠峠もしくは高倉峠が通じていて、それぞれ池田町と今庄町へゆける。特に池田町方面とは、古くから通婚圏として、交易圏として、さらには宗教的にもそのつながりは高いものがあった。一例として、鍬のサキガケなどのゆききにもうかがうことができよう。

人々の生活は狭い耕地を補うため、ヤマハタへの出作り、そしてヤキハタなどが盛んに行なわれ、一方で、養蚕、紙漉き、段木《だんぼく》（薪）などを現金収入の手段としてきた。その他に、薬草、桜皮、狩猟、鰻などの採取も見逃がせない。ことに鰻は、美濃鰻として越前では珍重されていたのだった。

このような厳しい条件下にあった故に、民俗事象では古型を温存しやすい一面があるのは否定できない。

さて、この塚集落で代表されるのがネコの話で、『村史』によれば次のようになる。

「昔、ひとりの修業者が、越前から山越えをして来て、途中で日を暮らしてしまった。困っていると、また、そこへ狼の群れが修業者目がけて襲ってくる。修業者は、逃げて逃げて、とある道ばたの高い木の上に難をのがれた。すると狼どもは、一匹の上に一匹が乗り、その上にまた一匹が乗りしてやぐらを作り、修業者に迫って来たが、あと一匹というところで、どうしても下の方がぐらついて修業者のところまで届かない。そうこうして困っていたが、狼のうちの一匹が、これはこうしていてもらちがあかん、村まで行って半左衛門の

との婆《ばば》を呼んで来まいか、というのが聞こえた。他の狼も、それがよい、それがよい、と賛成して、そこでぞろぞろ村の方へ向かって引きあげて行った。修業者が木の上で一息ついているると、やがて向こうの方から、大きな白猫を先にして、連中がかけもどって来た。修業者は、ただの婆が来るのかと思ったら、猫であったから、猫は、木にも自在に登るから、今度こそは命をおとすかも知れぬと思った。が、勇をふるって道中差しを手に、とびあがっては息を吹きかける、大猫を相手に闘かった。そうしているうちに、修業者が、横に払った一刀が猫の横腹に手応えあって、猫はそのまま悲鳴を残してかけ去った。すると、見物していた狼どももこれは、あの婆がやられるようなことでは、とても勝ち目はない、と言い残して、これもパッと散ってしまった。悪夢のような一夜をすごして、修業者は木から降りると、そこの坂に『うらみ坂』と名づけた。やがて少し歩いたところに、畑があり、そこからは村が見えたので、こんな近くに村があったのなら、あんなおそろしい目にはあわなかったのにと、くやし泣きをして、そこには『泣き畑』と名づけた。

修業者は塚の村にはいり、さっそく村の者に、ここに半左衛門という家があるか、その家には婆はおらぬか、と尋ねた。村の者はその通りの家もあるし、そこには婆もいる、と答えたので、修業者は、その家へ行って婆に会わせてくれといった。すると家の者は、その婆が、実は昨夜、用を足しに外へ出て、門先で転んだのがもとで、わき腹を打ち、伏せっているという。修業者は、それなら、わしが見てなおしてあげられるかもしれん、何とか一目会わせてもらいたいと中へはいり、婆の寝床へ行ってみた。なるほど婆が、ふとんの中でうなっている。修業者はそれを見ると、やにわに刀を抜いて、寝ている婆ののどを一突きにした。そうして、おどろき騒ぐ家の者に、昨夜の話をしてきかせ、それがうそだと思うなら、この婆の死骸を外に出して、天日にさらしてみよ、すぐに正体を現わすだろうといって、その通りにさせた。するとふしぎや、修業者のいった通り、婆はたちまち白い大猫に変わって、それから婆の寝ていた床下をおこして見ると、そこには白骨が散らばっていた。家の者は、修業者に厚く礼を述べたが、修業者はその去りぎわに、一体のお守りをその家に置いて、後日の無事を祈って行ったという。」

ある日の塚集落

また、ネコには、爺さんに化けて婆さんを食べようとしたなどのことも伝えられている。さらに、二十数年来飼っていたのが、「今、何ヲ言ッタ？」と問い返したとかで、そのため川に流されたネコがある。先に引用した『村史』には、他集落のことだが、法事の留守番をしていた嫁に、傍らのネコが、「ヨバレナンダノハ、オレラダケヤナァ」と話しかけたという。家の者が帰ってきたので、その話をしようと、「アノナァ、家ノネコガ……」とネの字句までいいかけたその瞬間、ネコにとびかかられのどにかみつかれて死んだ話まである。そんなわけで、年経たネコは変性《へんしょう》ものとされ、一つの距離感をおいてつきあう傾向がみられる。

ヤマイヌと呼ぶのは狼のことで、これにはサイノクラにあるクライボーキというところで、桑摘みの娘が襲われ落命したと伝わっている。ヤマイヌが人を食うときは、尻から食うとされるが、このときも、そうした形で村人に見出された。一説には、カマのなかった昔は、カミソリで穀類の穂をとったといい、そのときヤマイヌに出会い、恐怖のあまり頭の上へ両手でささげ、しゃがみこんでしまったとか。もともと、ヤマイヌは獲ものに直接とびかからず、一度、飛び越して威嚇するくせをもつとやら。このときも、女の頭の上を飛んだのだが、そこにカミソリがあってはたまらない、あえなく最期をとげたともいう。狼にまつわる塩買い話は聞けなかったが、後をつけられても相手にせねば大丈夫とされる。

「向イノ山デ、坊サン達ガコツ焼イトッタッテ、向イデ、ソレデ、呼バリタクッテシタケド返事モセンッテ……、明ル日、ソコヘイッテミタラ、ナーンニモ、ソノ焼キ跡モナカッタトユウワナ」。ここでいうコツは、火葬の骨のように思えそうだが、実はヤキハタ作りの一工程で、一旦、焼いたあとの燃え残りを集め、再度、焼きなおすことを意味する。こんな人騒がせをするのがタヌキで、御多聞に洩れず、いろいろないたずらで明け暮れしている。このコツ焼きをすました後に、雑穀類を蒔きつけるが、その中に小豆がある。この食習で珍しいのが粉食のイリコで、その他に、アズキボウと呼ぶ食べ方をする。これは、一莢口《ひとさや》にすると次々と食べたくなり、ちょうど、大豆のゆで豆と同じと思っていただけばよいだろう。口も手も休まるところを知らないほどで、完熟してないものを素材とする。

さて、山小屋の戸の隙間から、小さなボウを口にくわえてはポイと捨てているのをみていた坊様に化けたタヌキ、いつものように、どんなに声をかけてもふり向かないので、「ナニタベトル」

と問いかけた。「アズキボウ（坊）タベトル」の返事で、食べられては叶わんと、すっ飛んで逃げた話はよく聞かされている。このタヌキ達は、山小屋を訪れては人を呼びだす趣味があり、ときには新婚さんの小屋をゆすったりしたともいう。大木の倒れるものすごい音をさせるのには、木のコッパをくわえて、それを木にこすりつけるなどの細かい観察もされている。いずれにしても、人に化ける折は、必ず、坊様になるというから憎めない。真宗教義に深い村人にとり、坊様に化けてくるタヌキに注がれるまなざしに、特別なものがあるように思えてならない。

対するのがキツネだが、この徳山へくるまで、キツネはコンコンと鳴くとばかり思いこんでいたので、すっかり、村人に笑われたことが今もなつかしい。宿舎のすぐ裏で、「ウァオー」と鳴いたのがそれだった。このキツネは「村ノ若イ衆」と特称され、キツネと名指しすることを避けるのを常識とする。そうしないと履ものをもっていってしまうそうで、それも悪口をいったら覿《てき》面《めん》とやら。化ける専門は娘なそうで、タヌキと対象的なのが面白い。好物は油揚げならぬ和ロウソクで、提灯をともしての夜道、フッと消えたらもう駄目、その瞬間にロウソクはとられてしまうといわれている。

このキツネやタヌキに加勢するのが、意外にも意外、ウサギである。夜、人間かと思うような呼びかけで、「ホイホイ」と二声続きに鳴くという。よく、耳をすますとシューといった音を、そのあとにたてるそうだ。なんでも、カマ止メ作業に登った真夜中のこと、幾度も呼ぶので、「ナニシニキタ」と答えると、再び、返事をするかのように鳴くとか。とにあれ、カマ止メをすませ、炭を三俵背負い、ガス灯に水をいれ、「帰ルデナ」というと、また、例の返事がくる始末。気味悪くなったその帰路、危くその灯が消えそうになり肝を冷したと、炭焼小屋での怪しい体験を聞かせてもらった。

こわいということになると、ヒネのイノシシの手負いほど怖ろしいものはないと誰もが口をそろえていっている。以前、とんでもない大ヒネがいて、槍で身構えていた者を、にらんで通り過ぎるほどの大ものだった。これを捕えるときは、村中で三日間追い回したと、語られている。そうして、やっとのことで、ヒンダニにかかる一本橋を下へ潜り抜けたが、遂に、その長い生命を終えたという。なんでもイノシシは、橋の下を走ると落命と決められていたそうな。……危い橋を渡る、のは我々ばかりでなく、彼にとっても明暗を分ける橋だったわけである。その走りは風以上で、近くを通り過ぎただけで、切られるほどのものとされる。仕止めた肉は肉で、これがまた、ミの方にまで毛が通り、食べられる代物でなかったといい継がれる。

いまだに、しかと所在の分からぬツチノコも、塚地区におでましだ。その形は、丸太状で尻尾は極《ご》く細《ぼそ》、斜面をころがると眼にもとまらぬ早さで、しかも、毒をもっているから手に負えない。それで、触れるなどはむろんのこと、みるのもいけないとまで要心する。ともあれ、「ツチノコノ下へユクナッテ」具合に注意が喚起されてきた。

こんな仲間に、カワイロと称する河童がいる。村内でも、「人ノシリノコヲ抜ク」といわれる。あるとき、小さな女の子に化け、岩の上で髪を梳いていたとか、思わず、「ソンナトコロデ」と声をかけたら、川へ飛びこんだと語られている。

次に登場するのは、夜な夜な、蚕棚の下にやってきて、口をパクンとすると、四眠したほどの蚕までが吸いこまれるという小さな動物である。これはホウビキと呼び、まるで、クジビキのように聞こえるヒキガエルが張本人だ。その射程距離は、おおよそ一〜三尺ぐらい、どうやら、伸縮自在のその舌によると考えられているらしい。夜の間に、カゴに十杯もとらまえ、川へ流したというから気味が悪い。なんにしても、これは、今流行のリモートコントロールの先端技術にちがいない。舌だのなんだのと、余分な詮策はなしにして、夢のように、そっとしておきたい事実である。

魚には、とんでもない大きなイワナの話が聞かれる。ある人が、ミチンダニのとあるタル（滝）の辺りを夕暮に通っていたら、バシャンという水音とともに異様な気配を感じ、思わず、もっていた山刀で後を切り払った。すると手応えがあり、なんと、背負ってみたら、尻のあたりに尾がくるほどのイワナだったという。これに負けないのが、イシンダニというところに、もう一匹いた。かねがね、大きなのがいるということで、皆で、力をあわせてとらえたものの、そのミは酸味が強く、なんともならなかったとか。その長さは、これまた、セナカミノ（小型のミノ）ほどだったと聞いている。

神カクシの系統になると、天狗様を紹介せねばならない。この天狗様、とある爺さんに化け、ガンタレ（腕白もの）をオカゴで連れだしたというものだ。御本人語るには、天狗様から直接剣道を教わり、それから返してもらったことになる。その通り、三日目には、無事に村へ帰ってきた。この人、後には憲兵になって東京へでたが、その剣道の腕前はなかなかのものと伝えられる。

ヤマハタの出作り小屋で、水を粗末にした老婆の枕もとに、白棺が現われたというのは、水神

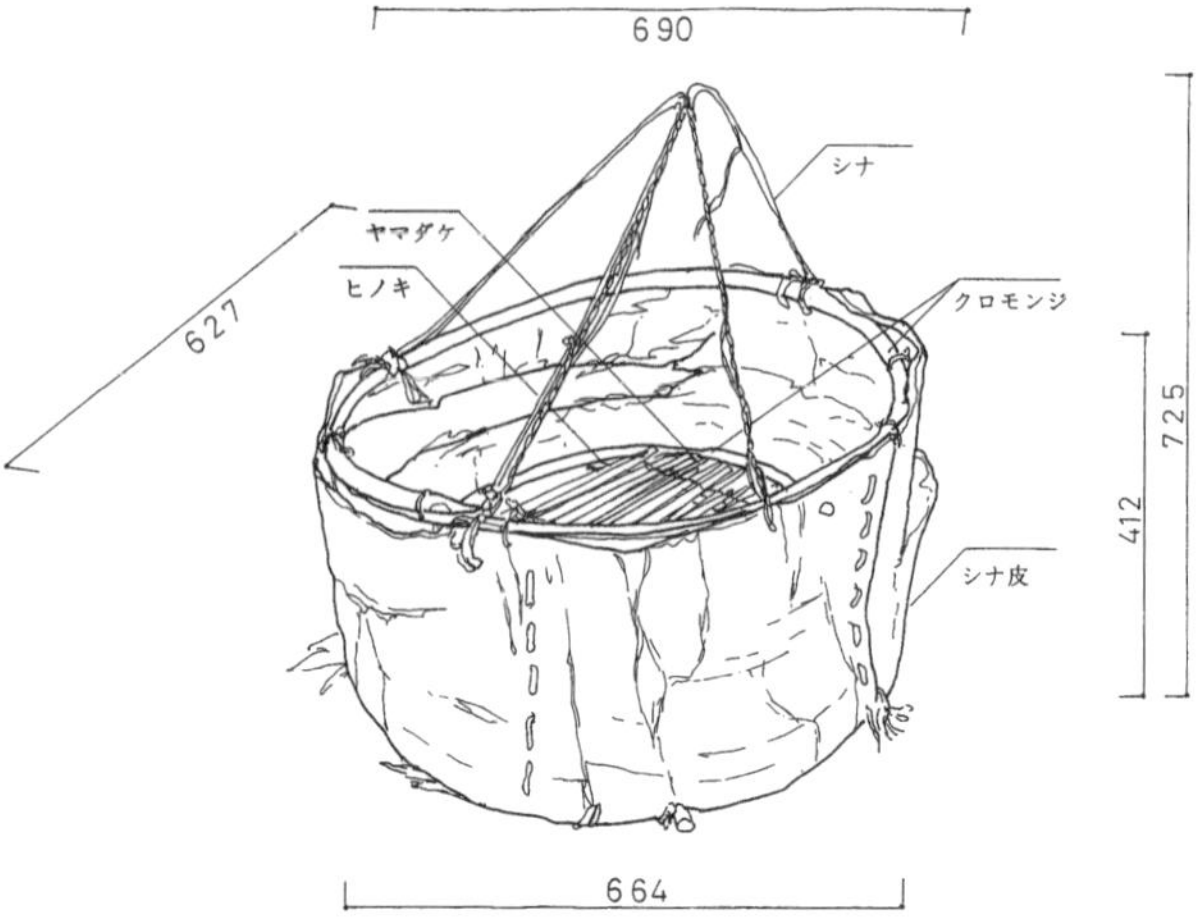

アブリコ（イロリのアマの下につるし、穀類を乾燥する）

様の祟りと説明されていたが、多分に、教訓話に近く、子供をさとすのにはかっこうのものになろう。

この類例に、集落はずれの柿の木のもとにでるというのがトウミオネ、もう一つは、集落の中ほどのケヤキに下るアブリコというものがある。トウミオネとは、なんのことはない、農具の唐箕を背負った人のことをさし、アブリコとは、出作りなどの小屋で、イロリのアマに吊し、その中に雑穀の穂をいれ、火力で乾燥させる用具にすぎない。しかし、幼いころ、親たちにおどされたそれも、今は、子供の夜遊びをとめるためのはからいだったと見破られてはいる。だが、誰もみたことのないトウミオネたちの存在は、そのまま心の中に生き続け、大人になってからでも、夜間一人で通るのがいやだったと語らしめている。

私の塚地区でのモノの語りは、これでおしまいである。人々が、このように、いろいろなモノ達と共に生きてこられた姿は、これもまた、日本の過去を理解するに欠かせない、小さな小さな歴史の一コマであることにかわりはない。教わった古老は、小沢喜治、岩須健一・あきの夫妻各氏だが、こうした語りの聞きだしに不馴れな私故、まだ、ほんの入口にまですらきていないのかも知れない。

この山深く越前に近い集落も、御承知のごとく、やがてはダムの底になり、登場したモノ達の出番は、その場所とともに永遠になくなってしまう。せめてものこの書で、生き続けてくれるのを願ってやまないものである。

火の玉・トンネル・片手の幽霊

浅野　明

光りものの怪

最近、火の玉を学問として研究している世界中の学者が日本に集まり、シンポジウムが開かれたそうだ。このような人達の研究の成果がどのようなかたちとなって出て来るのか、それはそれで期待をするのであるが、私達にとっては、科学的にどうであれ、不可解なところに魅力があり、楽しみがあるというものであろう。

以前、火の玉の話を埼玉県の加須《かぞ》市で聞いたことがある。この話のあった頃の加須は、東武線で加須駅を降りると荷物を運ぶ馬車が往きかい、馬糞の匂いのする街であった。夜には線路の向こうに、ポ、ポ、ポと灯がともり、それが幾つも並んだと思うと、パッと消えるという、狐火の見られた頃の話である。ある時突然に火の玉が真直ぐに立ちのぼるという。それを見たものは、その火の立ったところを掘れば、黄金が得られるというのである。これは、埋められている黄金がその穴から出たくて、火の玉となり、人に知らせているのだといわれていた。

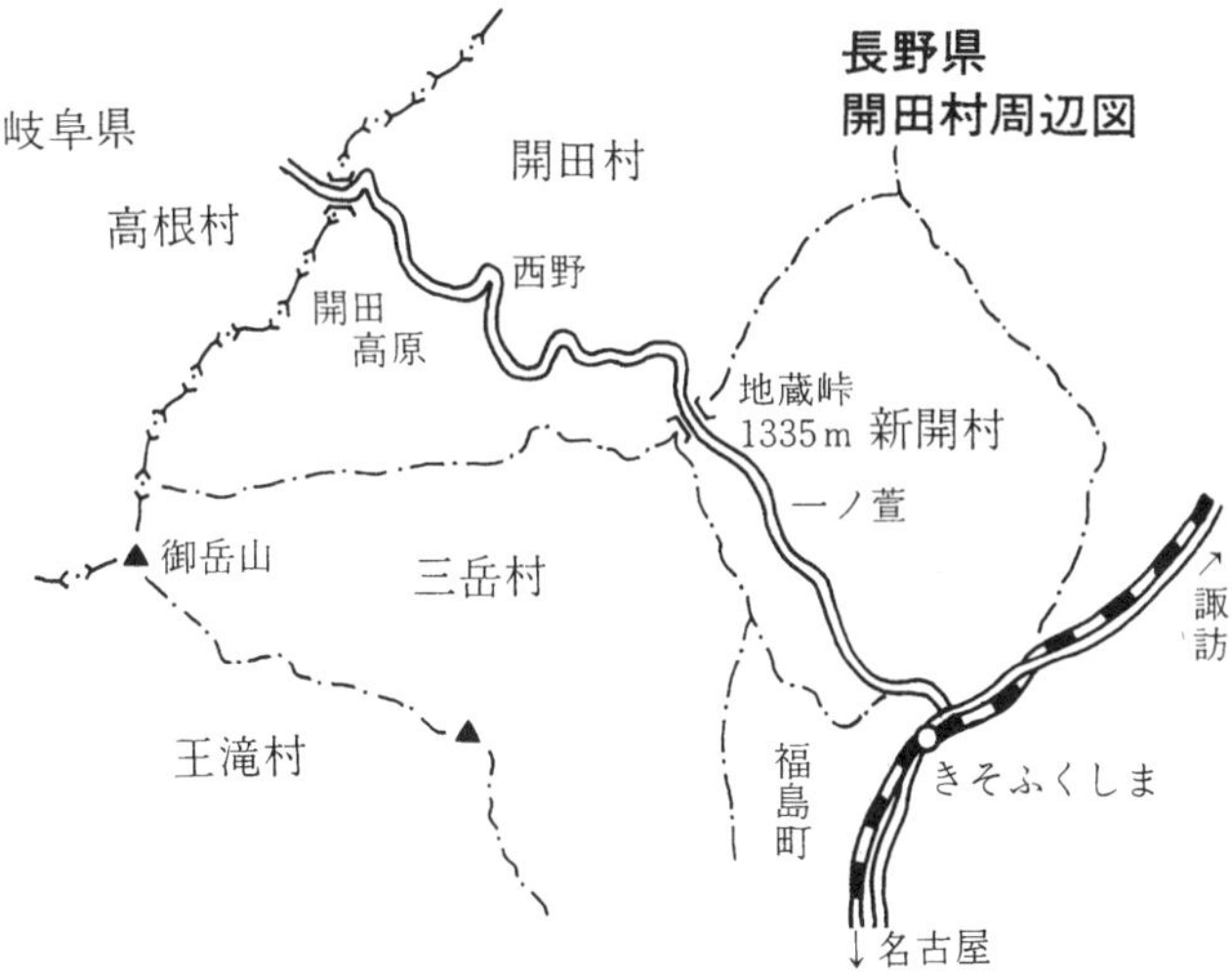

これに関連した話もある。夜歩いていると、どこからともなく、「おぶっつぁろう、おぶっつぁろう」という声がするという。あまりしつっこく言うので、「おぶっつぁりたけりゃ、おぶっつぁれ」といったとたん、重いものが背中にどしんとのって来た。あわててそれを背負い家に帰って見たらば、黄金であったという。

この話を聞いていたある人が、夜道を歩いているとき、この声を聞いた。これは自分にも運がむいて来たと喜び、「おぶっつぁれ」と大きな声で言ったところ、背中にどしんと来た。これだと思い、落とさないように持って帰ったところ、馬の首であったという。

次に聞いた光りものの話は、信州は木曾開田村でのこと。明治か大正の頃、開田村髭沢の人が木曾福島まで出掛けた時の話である。福島までは五里、途中には一三三五メートルの地蔵峠を越えなければならない。朝暗いうちに出て福島に着き、急いで用事をすませ、すぐに戻るようにしても、地蔵峠にかかる頃には暗くなってしまう。一ノ萱のあたりまで来た時であった。峠と思われるあたりに、丸く青白く光るものが目に入った。お月さまにしてはふわふわと漂っているようでもあるし、あの方向にお月さまは出はしない。とにかく不思議な光りものなのである。この人は日頃から怖いものなどないという人であったが、この時はさすがに気味が悪かったという。ところが、木曾福島のキュウショウ院という山伏から教えられていた、悪魔除けの呪文を心の中で何度か唱えていたら、いつの間にか光りものは消えていた。

最近の話だが、同じく木曾開田村、西野の松原平次郎氏からも聞かされた。ある晩歩いていたら、ものすごく光るものが頭の上二〇メートルほどのところにある。真っ青な光で地面の石ころまで見えるという、不思議な光りものであったが、人魂とは違うものだったそうだ。

昭和五十三年、紀州は中辺路《なかへじ》町での話。この中辺路町というのはその昔、京・大坂から熊野詣での道としてにぎわったが、田辺から熊野本宮までの道を〝中辺路〟と呼び、これを町名としたものである。この中辺路の中ほどにある逢坂峠を東に下ったところに近露《ちかつゆ》という集落がある。

ここで林業にたずさわっている岡上洋氏が、いつものように山に行った帰り道、暗くなった中を仲間をのせて車で下りて来た。途中まで来たとき、下から車の走って来る灯が見えた。これから先には車を往き違いさせる場所はない、手頃な場所を見つけ、車をはじによせ、下から来る車を待った。灯の見えたあたりからここまで、五分もあれば来られるはずである。五分待ち、そして十分が過ぎたが車は来ない。途中で引き返したのかと思いながら、そのまま車で山道を下り家に帰って来た。その途中、下から来た車が方向転換する場所のないのに気付き、おかしな車だなと思っていた。

翌日、また山へ行くにあたって、昨夜の車のことを思い出し、下からの車の灯が見えたあたりを見たところ、その場所には道はない。一面杉林で、道はずっと下についていた。昨夜の車は道のないところを走って来たわけである。これは自分一人で見たわけではない、仲間もいたし、翌日もその仲間と共に確認したことであった。

木曾開田村西野

そして翌年の二月、今度は下の山へ仕事に行った。その日は仕事がなかなか片付かず、暗くなってから仲間と共に車で帰って来た。そのとき前方の山の中腹に、お月さんが雲にかくれたり、出たりするようにして光るものが見えた。おかしいな、あっちの方からお月さんが出るところではないし、何が光っているのだろうと、それを見ながら走っていた。ところが、あすこにも、こちらにもと、全部で五つ、五ヵ所にその光るものが現われていた。その間四、五キロ、場所を変えて、前へ前へと現われたのである。その光るものは青白いというか、燐の光のようなものであった。帰り着いてから、今日はおかしなものを見たぞと、仲間に話したが、ヘッドライトが何かに反射して光ったものだろうと、誰も相手にしてくれなかった。しかし、

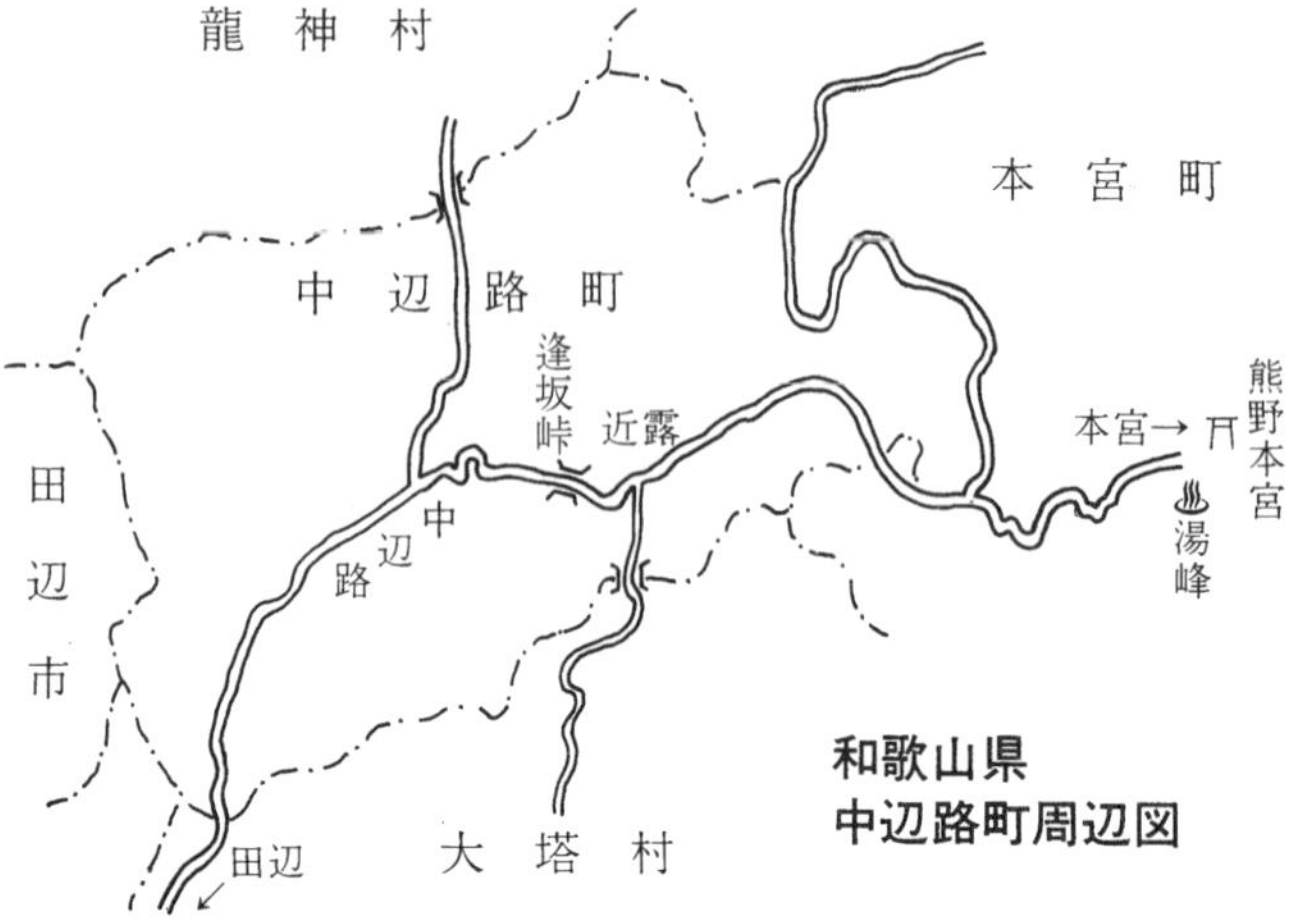

和歌山県
中辺路町周辺図

ライトの行かないところで光っていただけにどうしても納得ができない。

そして翌日、昨日の仲間とともに仕事場に行く途中、光りもののあった場所を見てまわったが、その場所はすべて杉山である。その上、杉山の中にヘッドライトを反射するようなものは何一つ見ることは出来なかった。その光りものは、初めのうちは雲の中から出たり入ったりするように見えていたが、あとのものになると、まん丸なものが欠けることなく見えていた。しかも杉林の中ではなく、その外で光っていたわけである。

そしてその年の夏、光りものを見た仲間が役場へ行ったところ、大阪から来たボーイスカウトの人が、光りものの出るあたりでキャンプをする許可をもらいに来ていた。そこで冗談に、「あんた方はいいとこにテントを張るな、あすこでは珍しいものが見られるかもしれん」と、光りもののことを話してやった。

その翌日、ボーイスカウトの人と出会ったところ、あの光りものを見たという。初めは昨日の話に合わせて冗談を言っているものと思っていたが、夜中に同僚の隊員とテントを見まわりに出たところ、その光りものが見えたそうだ。

その正体が何であるのか全くわからずじまいだが、自分らを含めて幾人かの人がこの光りものを見ていることだけはたしかだ、という話である。

スノートンネルの怪

お化けとか幽霊には逢える人と逢えない人とがあるらしい。私はどうも逢えない方の部類に入るらしく、残念ながら今までのところお目にかかったことがない。怖いか怖くないかは別にして、一度は逢ってみたい気がしないでもない。最近の幽霊は相手に永く印象づけようとするためか、カメラの中に映像として現われるのが多いようだ。昔の幽霊は、もっぱら恨みをもった人のところへ出るのが定式のようであったが、最近のカメラに写し出される幽霊は縁もゆかりもない人のところへ出るというのも特色だろう。

岩手県の湯田町に、町の中を流れる和賀川をダムで堰止めて造った錦秋湖がある。この湖を背にして撮った写真には、居るはずのないところに知らない人が写っていることがあるという。土地ではダムで死んだ人の霊ではないかという話だ。

このダムの北岸には北上市と秋田県側の横手市とを結ぶ、国道一〇七号線が走っている。秋田の平鹿郡と岩手の和賀郡を走ることから、両方の頭文字をとって地元では「平和街道」と呼んでいる。この街道がダムに面したところは山をけずって造った道であるため、積雪期には雪崩の危

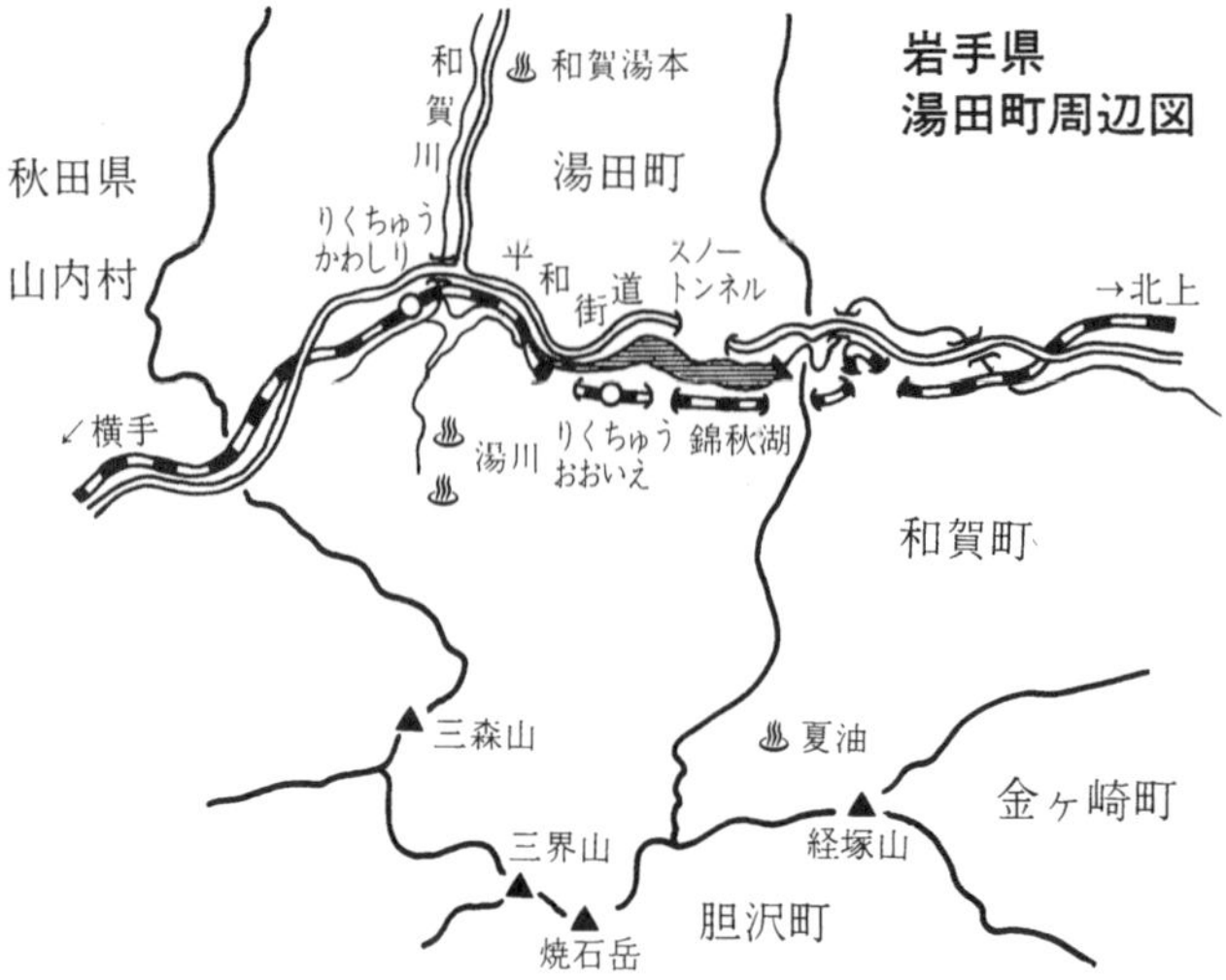

険もあり、そのため長い距離にわたって雪除けの屋根がつけられている。

ここを夜走っているとき、前の車に追いついた。ところがその車は、トロトロと走っていて、なかなかこの長い雪除けの屋根を抜けることが出来ない。この雪除けの屋根は夜では見えないが、ダムの側には屋根を受ける柱だけあって湖面が見えるようになっている。いわば、この屋根は雪除けの庇のようなものであるが、やはりトンネルである。

トンネル内での追い越しは出来ない。こまったなと思っていたが、うまいことに対向車も来ないようであるからと、追い越しをかけた。すぐにその車と並んだ。その時、どんな奴が運転してるのかと、並んだ車をのぞいたら、車がない。追い抜いたのかと思い、後を見たが車はない。もちろん前にもない。

このスノートンネルの中では時々そういうことが起こるということだ。

片手の幽霊

昭和五十四年の春から初夏にかけて、光りものが見られるという紀州中辺路の逢坂トンネルのあたりを、夜車で走っていると、目の前に片手だけが浮いて現われるという噂が広まった。トンネル下の近露《ちかつゆ》の人達は、そんな馬鹿な話があるかというわけである。また、出るならもっと早く出るべきであるともいう。

それというのもこの年の春、トンネルの下の谷へ入って行った人が車の落ちているのを見つけ、中をのぞいたところ白骨化した死体を見た、ということがあった。それで、出るならばもっと早く、落ちて死んだ当座、少なくとも発見された時は白骨化していたのであるから、もっと前から出ていていいはずであるというわけだ。

紀州中辺路町近露

この白骨化した人というのは女の人で、その前の年、その妹という人が、姉の出したという中辺路付近の消印のある手紙をたよりに探しに来たことがあった。しかし、その時には何の手掛りもつかめず帰って行った。

その時の手紙の内容からすると、自殺したのではないかということであった。あたりの峠道一帯にはガードレールがあったが、どこにも車の当たったような形跡は見られなかったため、峠下の谷の中まで探さなかったのである。車はおそらく、レールとレールの間をかすりもせず、すり抜けるように落ちて行ったのだろう。

この峠では以前にも車が落ちたことがあった。その時は怪我もなく無事であったが、一時失心状態となった。気がついたとき、上からも下からも、提灯を持った人がたくさん近寄って来てそれは恐ろしかったという。その落ちた場所というのは、終戦直後にバスが落ち、七、八人の人が亡くなったところだという。土地ではその当時、この場所にまだ幽霊がさまよっていると噂していたところで、その近くへまた落ちたというわけである。

今回、その遺体を引き上げる際、片方の手だけどこかに行方不明であった。残りの片手を探してもらいたくて、今になってその霊が出て来るのではないかというわけだが、未だに片方の手は見つかっていない。

京都北山怪奇噺

岩田英彬

芦生演習林の怪（その一）

由良川源流地帯あるいは京大芦生《あしう》演習林といっても、全国的に著名な存在ではない。由良川は京都府の北部、福井県若狭地方との県境付近の山岳地帯に源流を発し、京都府北部を蛇行して、日本海に注ぎこむ川である。その河口に山椒大夫伝説発祥の地があるといえば、うなずく人があるかも知れない。

この由良川源流地帯に、大正十年、京都大学が演習林を設定した。今では由良川源流地帯というより、京大芦生演習林という方が関西の登山愛好者のあいだでは通りがよくなっている。地図を開けばわかるが、この地帯には海抜一〇〇〇メートルを超える山はない。完全な低山地帯といってよいであろう。しかし、その山容はきわめて複雑である。大小の峰は海の波のようにつらなり、谷は木の根のように枝分かれして、丹波高原独特の迷路のような地形を呈しているのだ。行政的には京都府北桑田郡美山町に含まれるこの地帯は現在、過疎地帯である。だが、これは今に始まった話ではなく、昔から過疎の村だったといってよいだろう。

由良川の水源となる長治谷付近は小高原状となっているが、夏期も水温が低い。京大農学部では、何度となく水稲の実験栽培を試みたが、稲は育たなかった。総面積約四〇〇〇ヘクタールの演習林の入口に当たる集落が芦生である。演習林事務所や官舎などがここに建てられている。


むかしのことである。

芦生から奥に人は住んでいないと思われていた。ところが、ある日、上流から杓子《しゃくし》が流れてきた。これはおかしいと、谷を遡行して行くと、深山に住んでいる人たちがいた。木地屋の一団であったのだ。この話は明治初期のころと伝えられており、今も演習林内の各所には、木地屋屋敷跡と伝えられる遺跡が点在している。この人たちは近江側の村と連絡はあったらしいのだが、丹波側の村つまり芦生などとはそれまで一切、関わり合いがなかったことがうかがわれ、源流地帯は一種の桃源境であったわけだ。

この芦生から由良川本流沿いに谷を遡る。途中の赤崎谷までは、演習林当局が敷設した森林鉄道のレール沿いに歩く。さらに、谷をつめて行くと、七瀬谷に着く。ここはかつて作業所のあったところで、「橋を渡ったたもとに七瀬の作業所がある。七瀬の作業所は現在は人がいるかいないか一寸解らないが、宿泊は十分出来る」と、戦前の名著『京都北山と丹波高原』（森本次男著、昭和十三年、朋文堂発行）には紹介されている。

この七瀬の作業所があったころの話である。

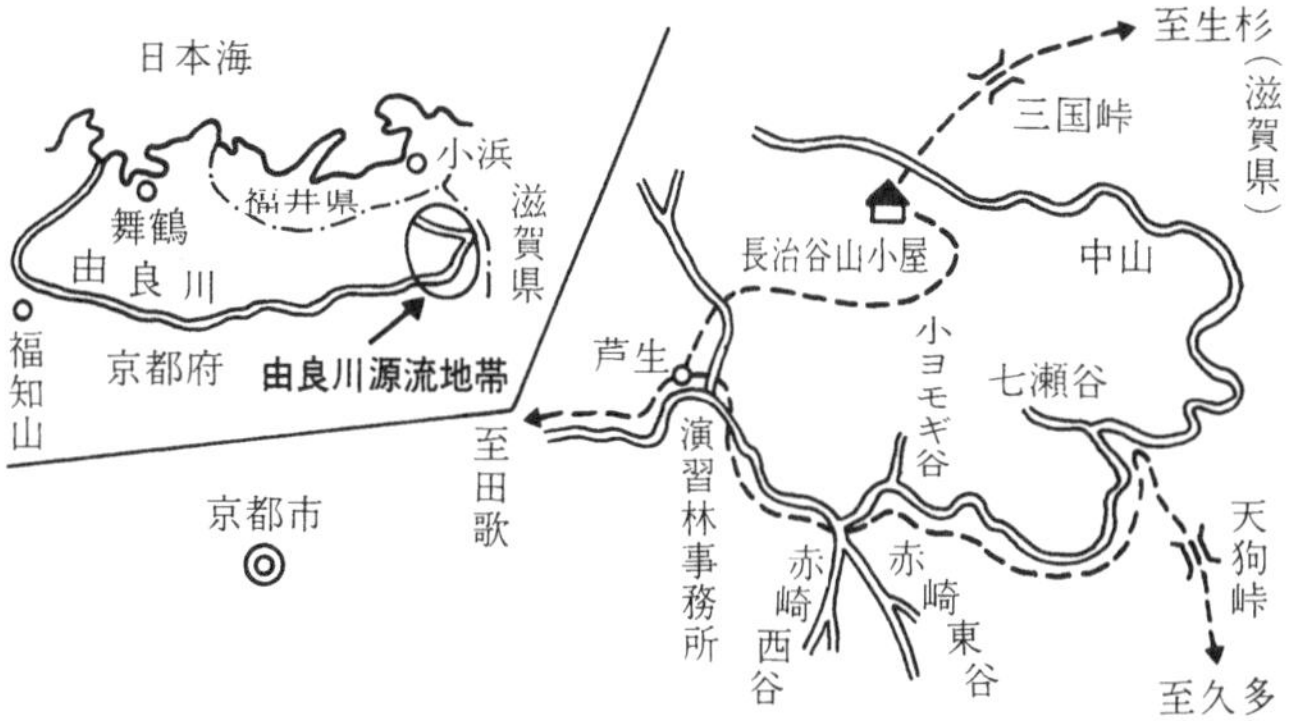

作業をする人たちは、泊まりこみでよく山仕事をしていた。そのとき、深夜になると山奥で木が伐り倒され、どしんと響く音の聞こえてくることがよくあったという。また、日によると、屋根にぱらぱら、ぱらぱらと何者かが砂をまくこともあった。

これは私がかつて昭和四十年代の初めごろ、演習林を訪れたとき聞いた話である。私に話してくれた老人たちの実見談ではなく、その人たちも年長者からのまた聞きで、おそらく演習林創設前後のころの話であろう。

ここで想起するのは、これらの現象が日本の深山で古来、語り伝えられている天狗倒しや天狗礫《つぶて》とよく似ていることである。柳田国男は大正六年に、日本歴史地理学会大会で、「山人考」と題して講演し、民俗学の資料からみて、日本の山中に、歴史時代に入ってからも平地の日本人社会と隔絶された形で、山人のグループが住んでいたのでないかと類推している。

その中で柳田は、「山中には往々魔所と名づくる場処があります。京都近くにも幾つかありました。……その奇怪といふのは何かと謂ふと、第一には天狗礫、どこからとも無く石が飛んで来る。……第二には天狗倒し、非常な大木をゴッシン、ゴッシンと挽き斫《き》る音が聴え、程無くえらい響を立てゝ地に倒れる」と、山中怪事についての事例を挙げている。

このような話は、科学的にみれば集団幻覚であろう。しかし、その背後には、山人の境を侵すときには、時に何らかの形で警告を受け、また自身不安を感ずるという心理があると柳田は説明している。

現象を調査した結果、彼は山人生息地として、北では陸羽の境の山、北上川左岸の連山あるいは吉野熊野の山、四国の剣山特に土佐側など、十数ヵ所の山岳地帯を指摘した。

芦生演習林では、ほかにも木挽きの遺体に取り付いていた怪物の話がある。木挽きが谷川で流され、行方不明になった。みんなで探しに行くと、その男は川に倒れこんだ大木にひっかかって死んでいた。その体を蓑笠を着た人間がくわえていたが、人が近づくと姿は消えた。ところが、遺体を牛車で運んで帰るとき、その蓑笠の怪物が後をつけてきた。後についてきただけであったが、牛がひどい汗をかいたという。

この話はもうひとつ説明のつかない怪談であるといえよう。それでも、先の現象などからみて、ごく最近まで、ほとんどが原生林におおわれていた由良川源流地帯は、柳田国男の指摘した山人生息地の一つに付け加えたいところである。

芦生演習林の怪（その二）

芦生の集落の少し先の演習林入口付近には、大学関係の事務所や官舎が建っている。山道に入るところにバーが横たえられているのは、演習林を横断する形で、林道が滋賀県側へ通じたので、車の無断通行を防止するためである。

大学関係の建物はかつてはすべて木造であった。いかにも演習林らしい感じであったが、今は多くがコンクリート造りに建て替えられ、風情がなくなったといえよう。その中で、創設当初に建てられた木造の事務所は今も保存されている。大正時代の木造建築らしく、いかにもがっしりした骨組みの二階建の建物である。現在、事務は別の建物で行なわれているが、事務所として使用されているころも、宿直などで泊まる職員は、この事務所では寝なかった。正真正銘の怪事がよくおこったからである。

由良川源流地帯の最上流部　長治谷付近
（建物は京大山小舎）

事務所の北側にはすぐ山肌がせまっている。窓の外には杉の大木が亭々と何本もそびえている。南側は谷川が流れ、夜ともなれば、耳に入ってくるものは、木々の梢をわたる風の音、淙々と流れるせせらぎの響きのみである。山奥のことだから、訪れる人とてない。

宿直者もはや目に、二階の宿直室に入るが、夜もおそくなって、そろそろ寝ようかというころである。階段をとんとんと踏んで、だれかが上がってくる。

「今ごろ、だれがきたのかな」

と思う。こんな山の中だから、他所者がくることとてなく、何も不安はない。そのまま室内にいると、廊下をすたすたと歩いてきた足音は室のドアの前でぴたりととまる。

だれが入ってくるかと待っていても、声かけもなければ、ノックの音もしない。「はて」と思いながら、ドアを開ける。だれもいない。窓の薄明かりの中に、暗い廊下はしんと人気もなく、静まりかえっているだけである。

そのとき、宿直者ははじめて気がつく。

「室に入る前に、おれは事務所の窓も、入り口の戸も全部、内側からカギをかけたはずなのに」外から人が来るわけはない。そこで、ぞっと全身に寒気が走るというわけである。

そのむかし芦生には、芦生の殿さまといわれたお金持ちが住んでいた。ところが、あるとき、悪い山師がやってきて、その人の息子をたぶらかしたのである。演習林の山内に金山があるという話にだまされ、息子は財産をつぎこんだ。山師の手口は、他所から金の鉱石を持ってきて、坑道の中に埋め、もう少しで鉱脈を掘り当てられると、人を引張るやり方であったという。

現在も、山中には坑道が二ヵ所残っているそうであるが、結局、その家の財産は使い果たされてしまった。その打撃で、父親は事務所の玄関脇の松で首を吊って、自殺したのである。事務所に現われる怪しい足音の主は、その亡霊であるということになっている。

静原山の魔所

鞍馬山や大原といえば、全国的にもよく知られている洛北の名所である。しかし、同じ洛北でも静原は、地理的に隣接する大原とは対照的に、観光的には無名である。

後白河法皇が建礼門院を訪ね、大原へ行幸されるくだりは『平家物語』でも有名な大原御幸であるが、このとき法皇の一行は静原を通ったことになっている。また戦国時代に静原城が織田信長に頑強に抵抗したことが『信長記』にみえるが、いずれにしろ、全国的に有名になるところではない。

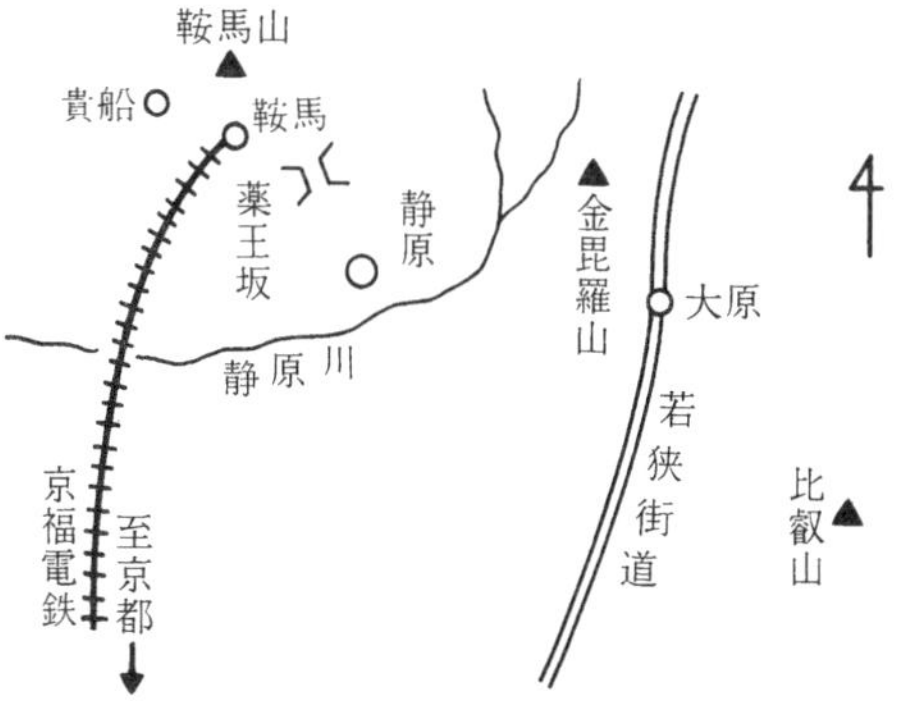

今なら、京都市中心部から車で三十分ぐらいの距離の場所である。京都北山山中の小盆地であるが、民俗的には豊かな資料の残されている山村といえよう。
むかしは鞍馬にしろ、大原にしろ、江戸時代まではそこへ通じる道もけわしく、都人が簡単に行き着けるところではなかったらしい。前記の静原城でも北山へ入る入口に当たる峠や谷道を擁して、兵がたてこもり、山岳戦となって織田勢も攻めあぐんでいるのである。
京を紹介した『出来斎京土産』（延宝五年〔一六七七〕刊）には次のような一文がある。
「名こそ静原やそむくとならばかかる所こそあらまほしけれとおもふに住里人のありさま……身には藤葛の割《さき》織とかや簟《たかむしろ》に似て衽《えり》もなく……胸もあはず裾みじかきに斧鎌といふ物こしにさし……山ふかく分入て柴かり木こりて日をくらし

……」

と静原について述べている。都人士からみれば、異境であったことがわかるといえよう。

むかし、京師に富田無敵という剣術使いがいた。陰流の使い手で、多くの弟子を取り繁栄していた。彼は毘沙門を信仰していて、月に一度の鞍馬詣でがならわしであった。日暮れ時に、二条堀川の家を出、鞍馬に参り、僧正ヶ谷から貴船に出て、夜明けとともに、京の町に帰るという夜参りである。

ある夜、北山に入るあたりで一人の僧と出会い、同行することになった。僧は途中、鞍馬川を渡り、細い山道に誘いこみ、自分の庵へ寄って行けという。無敵は「この僧はただ者でない。天狗か山賊であろう」と思い、ふところから弾丸というものを取り出し、続けざまに五発を僧の首筋に打ちつけたが、僧は手をあげ、首筋をこするだけで平気である。

やがて、木立の奥から、数十本の松明《たいまつ》を手に、屈強の男たちが迎えにやってきた。案内されたところは大きい屋敷で、美しい女性の姿もみえる。そこで、無敵は接待にあずかり、僧の子である少年と立ち合う。しかし、どうしても打ちこむことができない。そのあと、僧と兵法の話をし、屋敷を出て朝霧の中を二、三町行くと、もう屋敷はみえなくなってしまった。人里近くに出てから、人に尋ねると、静原から大原へ通う山道にいることがわかったという。

静原を流れる静原川は、上流で東俣と西俣に分かれる。古い五万分の一地図には、この合流点付近に譲葉という地名が記されているが、新しい色刷りの地図では消えている。

この合流点のあたりは、土地の人が「ザエモン」とよぶところである。むかしは人が住んでいたといわれ、三、四段の田と十一戸ほど家があったとか、田は一町ほどで、その奥にはフダラコウ寺というお寺もあったと話す人もいる。

　寺のあった場所には、カシの木の下に石づくりの観音さまがまつってあるということである。この地の所有者になると、家が亡ぶと伝えられ、また事実、所有者はよく変わって、そこの家にはよくないことがあるとのことであった。

　かつて、八月に、母娘がシキビを採るためザエモン付近の山中に入った。二人は別々に行動していたが、夕方になり、娘が帰ろうと思って、「お母《かあ》」といくらよんでも応答がない。家族、親類が翌日にかけ山中を捜索した結果、山で死んでいるのが発見された。斜面で倒れたはずみに、藤づるが首に巻きつき、首をしめられたのである。鎌で藤づるを切ろうとしたらしく、首筋は傷だらけだったという。

静原付近の風景（薬王坂より見下ろす）

　母親の死んだところは、ザエモンの墓のあった場所と伝えられている。また、その少し奥には、サンマイ谷という谷もあるところから、両墓制の地であったかも知れない。時には、この付近で、髪の毛や穴あき銭の出土することもあり、ザエモン近辺はよくない場所、魔所であるとされている。
　また、鞍馬と静原の境界付近には「ネコヤマ」と称される山もあった。ここはシキビのいっぱい生えているところだが、人の行ってはいけない魔所とされていた。ある家の嫁がここでシキビを少し採り、家に帰ったところ、「ニャオ、ニャオ」と鳴くようになり、ついに死んだという話が伝えられている。

このほか、静原の水田に面した山で、そこに行くと、どこかで、「ホーイ、ホーイ」と人をよぶ声のするところがある。ここでは、「ペチャ、ペチャ」と、人が話をしている声も聞こえてくるそうである。よい笹の生えたところで、池もあるが、「ホーイ、ホーイ」という声に、返事をしてはいけないといわれている。「エンニチ」とよばれている場所で、ひとりでそこに行ってはいけないというのである。

京都北山は低山地帯である。ただ、地形が複雑で、岩場のある山も含まれているので、京都では山歩きのトレーニングに絶好の場所とされている。京大学士山岳会をはじめ、アルピニストたちの基礎訓練の場となっているので、北山の峰はヒマラヤに連なるといわれているのである。さしかし、この北山も江戸初期ぐらいまでは、都人にとり、かなり異境の地であったらしい。さきに紹介した剣術使いの話は、白梅園鷺水の書いた『御伽百物語』に出ている話で、鷺水は享保十八年（一七三三）にこの世を去った人である。古くは、『今昔物語集』（本朝世俗部）巻第三十一に、北山で、人間の女性を妻としていた怪しい白犬の話が出ている。

このように、山中の怪事の語られるところとしてふさわしいものを、遠く丹波山地につながる京都北山は持っていた。それが同じように、平安京を取り巻いていても、東山や西山と異なるところである。そして、魔所として恐れられる禁忌の地は、特に静原から鞍馬付近にかけ、その影が濃いような気がする。これには、何らかの理由のあることがうかがわれるのである。

四国山地・惣川の不思議な話

湯川洋司

日本三大カルストの一つに数えられる大野ヶ原。ここは愛媛県と高知県の県境が接する所で、高知県側は日本最後の清流といわれる四万十川の源流地域にあたる。いっぽう愛媛県側の東宇和郡野村町惣川《そうがわ》は、高知県檮原《ゆすはら》町と県境を接する山村地帯で、このあたりは宮本常一が著わした「土佐源氏」の舞台そのものといってよい所である。いわば四国地方山村の一典型を示す地域といえるかと思う。

惣川地区は昭和三十年二月に野村町に合併した旧惣川村の範囲をさし、行政的には舟戸、天神（旧惣川村役場が置かれた）、三島（現在役場支所が置かれる）、小松の四区に分けられる。そのうち小松は、昭和十八年四月に上浮穴郡から分離した旧浮穴村の一部（旧小屋村）が惣川村に編入されたもので、藩政時代には大洲《おおず》藩に属し、宇和島藩に属したもとの惣川村とは、風俗・習慣に若干の相違がみられるといわれている。

昭和六十一年現在、惣川地区の人口一三一五人（男六四三、女六七二）、戸数四二七戸。昭和五十二年からの十年間に二八九人、五八戸が減少した。この減少傾向は毎年続いており、とくに新生

惣川の風景

児数の低下には著しいものがあり、過疎化の克服が大きな課題となっている。

しかし、かつてはこの地区が繁栄し、豊かな文化を育んできたことは、たとえば天神に残る、築後百五十年はたつとみられる桁行一二間、梁間五間半という壮大な旧庄屋土居家の存在によく示されている。

その繁栄ぶりは、名だたる和蠟燭生産地であった内子町へ出していた蠟の原料のハゼの実採取や、和紙の原料となった三椏《みつまた》栽培、焼畑、狩猟、伐木など、山の仕事が多様に展開されていたためである。それゆえ、山の民俗が豊かに伝承されてきたものといえる。とくに山を舞台に活躍した不思議なモノたちの話は枚挙に暇がないくらい豊富で、以下には、ヤマンバ（山婆）、ヤマジイ（山爺）、ヤマイヌ（山犬）、ヒダルガミ（ひだる神）、ヤギョーノカミ（夜行の神）などの話をいくつか紹介してみたい。

山の頂上に祀られるヤマンバ

宮ノ成は惣川ではもっとも開発の早かった集落の一つだろうといわれている。舟戸川から山裾にかけて階段状に広がる水田を前に抱え、後に山を背負ったような姿をしている。この裏山を登ることおよそ八丁、時間にして約四十分（成人の足で）ほどで到達する頂上にヤマ

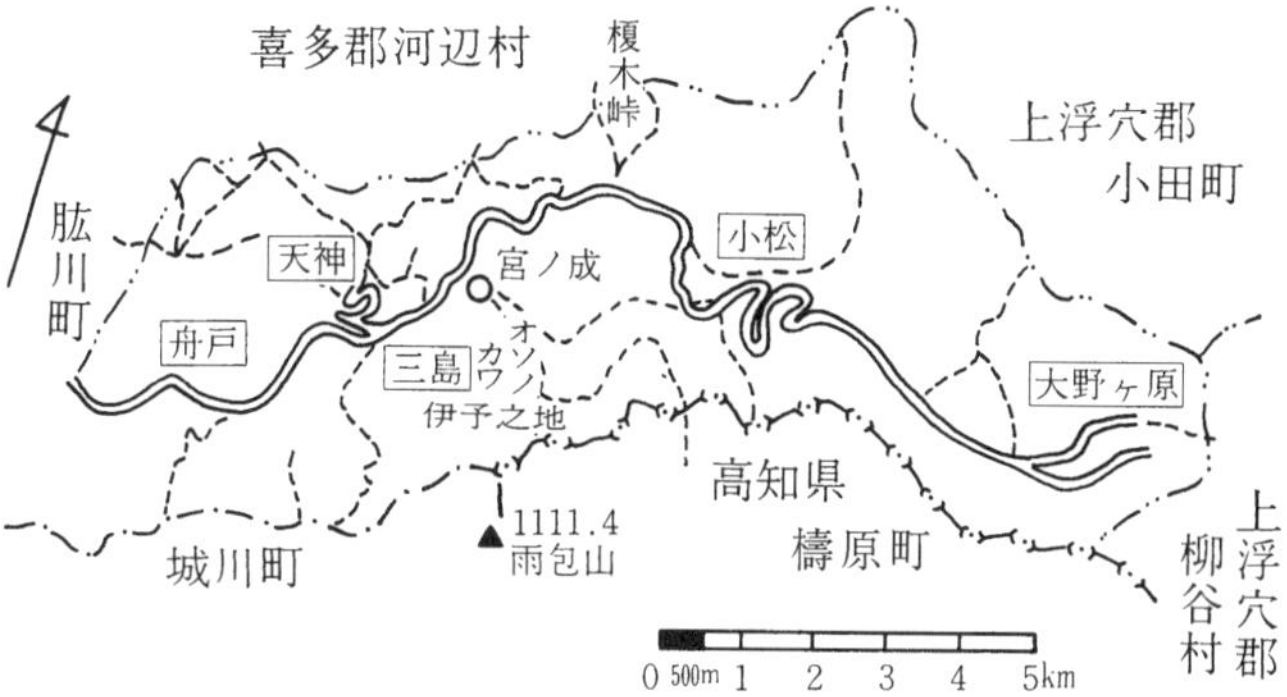

ンバが祀られている。三間×二間ほどの大きさの社をもち、そのなかに神輿が据えられ、「大山祇神社」と書かれた旗が立てられてある。聞けば、表向きは山ノ神（大山祇神社）と呼ばれているという。

この辺りにはヤマンバやヤマジイの話は数えきれないほどある、とお年寄りはいうが、惣川の北隣りの河辺村ではヤマジイが、こちらではヤマンバがよく活躍していたらしい。

このヤマンバはお産の神、女の神だといわれている。またお産の神の性格から派生したものか、おねしょをしたり、体に悪い所をもつ子、虚弱体質の子どもらをヤマンバにあずける習慣もみられた。あずけた家では、正月餅を一重ね持参し供えることになっている。毎月五日と二十日が縁日で、とりわけ十月の両日が盛大な祭り日となって、各地から多くの参拝者を集めていた。

このように、かつては勢いの強かったヤマンバだが、いまでは参る者も少なくなり、社はやや荒れ気味である。

この社にはご神体がない。もとは女の子を抱いた姿をした像が安置されていたが、どういうわけか、あるときその奉納者の縁者がご神体を持ち帰ってしまったという。この人はいま宇和町に住んでいるそうだが、病気になったという話である。おそらくバチがあたったんだろうと、噂の種になっている。

また、このお社は一度売られてしまったことがある。ずいぶん乱暴な話だが、いたんだ社の修理が面倒なので、いっそ売ってしまえということになったらしい。これを買い受けたのは、宮ノ成に住んでいた善吉さん（仮名）という人だった。ところがこの善吉さん、とんだ不運を背負い込むはめになった。

ある日のこと、善吉さんはこの社の取り壊しにかかるべく、三人の男をやとい、ヤマンバめざして登って行った。頂上近くのナロ（平らな所）に建つ社がようやく見える所まで来たとき、見上げると、そこに白髪頭をした婆さんが立っているではないか。これを見て、さすがの善吉さんも肝を冷やし、道具も弁当も何もかもその場に投げ捨て、一目散に山を走り下ったという。

それからというもの、善吉さんの頭はしだいに薄くなり、さらにはうずくようになってきた。ヤマンバの障《さわ》りに違いないと感じた善吉さんは、女房のおうめさんに「おうめ、飯を炊け」と命じ、飯をヤマンバに捧げておことわりをしてみた。しかし、そのききめはなかったのか、善吉さんは結局命をとられてしまったそうである。

惣川もそうだが、この地方はことのほか相撲が盛んな土地柄である。小学校には立派な相撲場があるし、祭りには相撲甚句が出て人気を集めている。このヤマンバの縁日にもよく相撲が行なわれ、各地の村々から腕自慢が集まり、力と技を競い合った。

ところが、相撲が始まるとそれがきまりでもあるかのように、いつもけが人が一人出た。人びとは不思議に思い、ヤマンバをお守りしている行者に占ってくれるように頼んだ。その結果は、ヤマンバは相撲が嫌いだから、毎回けが人が出るのだという判示だった。

それならばと、以後は相撲をぷっつりやめて、神楽を奉納することに改めた。毎年、城川町の窪野神楽や河辺村の大西神楽などがやとわれ、飲食店が出るほどの賑わいをみせた。だが戦後は信仰が薄くなり、神楽奉納もやみ、いまはなにも行なわれない。

節季の餅搗きにくるヤマンバ

ヤマンバをまつる山ノ神

正月が近づき、餅をつく二十八日になると、ある家に「手伝いはいらんか」と、毎年きまってたずねてくる婆さんがいた。この婆さん、家の者が「手伝ってくれ」とも言わぬさきから、持参した前掛けをしめ、慣れた物腰で仕事にとりかかるのが常だった。

まことにありがたいような話なのだが、この婆さんの風体があまりにきたならしいものだから、家の者たちは内心喜んではいなかった。

ある年の暮、家の者たちはあの婆さんに来られるのはもうご免だと話をまとめて、餅つきの日取りを一日早め、二十七日に早々とすませてしまった。

次の日、いつもの年と変わらず、その婆さんはやって来た。「来たぞ、もう着いた」と言いながら家に入った婆さんを迎えた家の者は「それなら荷物をおろしてくれや」と言いながら、受け取った荷物を、きたないものだから天井の窓から上にあげておいた。ところが、餅つきがすんでしまったことに気づいた婆さんは「それじゃ帰るか」と荷物をおろそうとした。そのとき風呂敷の荷がやぶけて、中味がバラバラ落ちた。見ると、そこにはたくさんの小判が散らばっていた。

このきたならしい婆さんの正体は、じつはヤマンバで、この家の者たちがどういう根性であるかを見るためにやって来たものだったらしい。この後、この家の運は尽きたと伝えられている。

女中に化けて仕返しにきたヤマンバ

これは惣川のある家のご先祖にまつわる話。

あるとき、御用筒を預る身分であったそのご先祖が、山へシシ（猪）をとりに出かけた。すぐに一頭とれた上首尾に気分をよくして、これはもっととれるかもしれないと勇んで猟を続けた。けれども、それ以上はとれず、ひと休みしようと腰を下ろした。

するとそこへ、突然ヤマジイが出てきて、とったシシを焼いてくれと、催促した。こわくてたまらず、早速に焼いて食わせると、みるみるうちに全部たいらげてしまった。それでももっとくれと言いながら、目の前に手を差し出すので、ここぞとばかりにそこを目がけて鉄砲を射った。ヤマジイは大きな音をたててそこに倒れた。

その翌日のこと、すばらしい美女が「女中はいらないか」と家を訪ねてきた。あまりの美しさに警戒心が湧き起こり、ご先祖はとっさにいってみた。

「背中向きに川を飛び渡ればやとおう」

するとすぐさま後ろ向きになって、わけもなくやってのけたので、これはただごとではないと思い射った。すると胸幅が一メートルもある大きな婆さんの姿に変わって、その場に倒れた。

それからというもの、家のなかが毎晩ズルズル、ズルズルと眠れないほどにうるさくなった。占ってもらったところ、旦那のヤマジイが山でやられた仕返しにきて返り討ちにあったヤマンバのしわざだと出た。そこでこれをまつってみると、ようやくズルズルの騒動はおさまったものの、その後その家はずいぶんと貧乏をするはめになった、という話である。

ヤマイヌの矢袋と粟穂盗み

宮ノ成のある家に伝わる話である。

弓の達人であったこの家のご先祖が、ヤマイヌの子を拾って帰った。育てて矢袋を作ろうと考えたからで、ころあいの大きさまで育ったところで殺して皮を剝ぎ、矢袋にした。そうしてこれを宝物のように大事にしていた。

宮ノ成の家から見える向かいの尾根筋が浮穴村と惣川村の村境になっていた頃、旅の六部か遍路が畑の粟を穂刈りして盗んで逃げたことがあった。

これを見つけたご先祖は、家の蔵の上にあがってこれを弓で射ようとした。村境の手前で倒せばその始末はこちらでつけねばならぬため、浮穴村に入ったそのときに射ようと、尾根の窪んだ

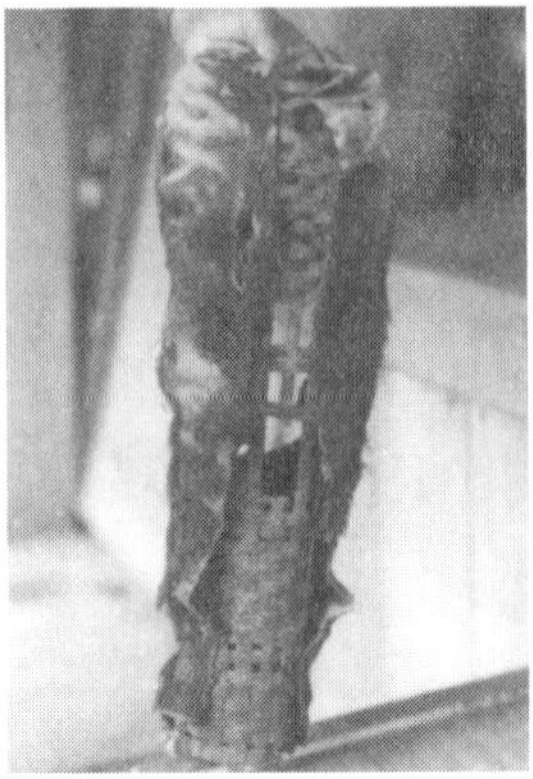

ヤマイヌの皮で作ったという矢袋

所で狙って待った。盗人が坂を下って村境を越えようとしたところを、首めがけて矢を放った。矢は男の目を射ぬき、やがて死んだ。

その窪みはエノギガドー（榎木峠）という峠だった。男の倒れた傍らに石を集めてイシグロを盛り、男は葬り祀られた。そこはいまではイラズになっている。イラズというのは禁足地で、山の所々にある。どんな木でも伐ってはいけない。鍬一本、鎌一本入れてもいけないといわれ、入ると障《さわ》りがあると恐れられている。

その男は、死にぎわに「わしを殺した者は三代めくらになれ」と呪ったという。そのことば通り、家の主人は三代続けて片目になってしまった。そこで男の祟りかと思い、みてもらったところ、ヤマイヌの神を八幡大菩薩として祀れということだったので、さきの矢袋をショーネ（性根）に山ノ神（オオヤマノカミ＝大山之神）として祀っている。

ヤマイヌに送られた話

ある家のおばさんが、夜道に迷ったときのことである。

おばさんは用事をすませて、山越えをして家に帰ろうとしていた。しだいに日が暮れかかっても、なかなか知ったところに出てこない。道に迷ったのではないだろうか、そう思うと急に心細くなった。日は暮れて夜になり、おばさんはほとほと困りはてた。

そこで思いついて、ヤマイヌノカミに心願をしてみた。するとチリンチリンと鈴の音をさせながら、犬が二匹現われた。

歩き始めると、その犬はおばさんの後になり、先になりしながらついて歩き、とうとう伊予の地までやって来た。おばさんは心願はしたものの、襲われるのではないだろうかと、心のなかはドキドキ、ハラハラしどおしだったのだが、オソノカワまで来たところで、二匹の犬は両足をきちんと揃えて、おばさんを見送ったそうだ。おばさんはやれやれよかったと思った。

無事に家に帰りついたおばさんは、山の犬は小豆ご飯が好きだと聞いていたのを思い出し、大急ぎで小豆ご飯を炊いてあげようと考えた。いそごうと思うあまり、小豆は生のままご飯に入れて炊いてしまったが、これを心をこめて花畑に供えておいた。翌朝おばさんが見ると、この犬が食べたのか、もうすっかりなくなっていた。

ヒダル神につかれた話

あるおじさんが猟に出て山の中を歩いていると、急に力が抜けたようになって動けないほどになってしまった。これはヒダル神につかれたなと思った。

ヒダル神につかれたら「米」という字を手のひらに書いて、これをいただいてからなめろ、そうすれば五分もしたら治ると、おじさんは聞いていた。

だから、聞いていたようにしてみたのだが、いっこうにききめが現われない。そこで、背に負うていた弁当の残り飯を取り出して食べてみた。そうしたら、まもなくしておさまったという話である。

ヤギョーの神

修行僧とヤギョーの神とが対決した話である。

ヤギョーの神に出会った修行僧が、知らんぷりをして通り過ぎようとした。ヤギョーの神は無視されて腹をたてたのか、「こら、おれはヤギョーの神だぞ」とどなった。

そこで、修行僧は「おれはトギョー（渡行）の僧だぞ」とこれに応じた。すると「二つまけた」という小さな声がした。

あとがき

むかし、肝だめしという遊びの行事があった。その一つに無住の荒れ寺に集まり、人数だけの蠟燭を灯し、各人がいろいろな怪奇談をした。一人の話が終わるごとに一本の灯を消し、全員の話が終わったとき部屋を真っ暗闇にして、話の中の妖怪が現実に出てくるような雰囲気を作った。この座興を「百物語」と呼ぶ。

山村民俗の会の仲間で、山と民俗のテーマ別シリーズを出すことになり、その手始めにこの百物語の趣向を行なおうと企画したのが本書である。会では研究発表の会報を『あしなか』と名付け、これは長さが半分しかない草鞋の名で、また中途半端な趣味の民俗の会にも掛けてある。ただの山歩きでは物足りない山好きたちが始めたが、今は肩肘の張らない独特の民俗研究会として雑多な階層の人々が集まっている。その会員がそれぞれ語る、とっておきの話もさまざまだが、どれが読者の心を捉えて、最後の消灯の暗闇に妖怪の姿を浮かべられたであろうか。もちろん百とは実数ではなく多数の意味であるが、本書一冊では百にはほど遠く、好評ならば〝続百物語〟を発行する意向なのでご期待願いたい。

百物語の会場には狐狸が棲みつく古寺が一番よい。ここならば本尊の不動仏に張りめぐらされた蜘蛛の巣や、突然朽ち音を立てて崩れる祭壇など、肝試しの舞台装置は満点だ。読者諸兄も古寺にいるつもりで本書を読んでいただければ、さらに興趣は倍増すると思う。しかしいまは古寺などなく、何処にあるのか捜してくれと言われるかもしれない。昔はなぜ村にこのような廃寺ができたのであろうか。それは檀家の人々がみな居なくなってしまったのか、それにしては集まって百物語をするのだからこれはない。それでは揃って宗派を変えたのではないか、というと江戸時代には今の戸籍にあたる宗門人別制度があり、軽々しくそれもできない。

ここでは古寺の解説が目的ではないので簡単に説明すると、むかしは寺院には一般の檀家寺と、神社の別当を兼ねた祈禱寺の二つがあった。この祈禱寺は密教修験の僧が易や祈禱を行としていて、このうち予言をするのは神で、易断などは神殿で行なわれた。今の成田不動を見ればこの祈禱寺の様子が分かる。成田山のように成功すればよいが、住民の信が得られなければ当然消滅しなければならないので、廃寺ができたのである。

このようにして古寺一つを見ても、我々の周囲は疑問だらけで、こうした陰の歴史を考えるのも面白いと思う。『山の怪奇・百物語』をかわきりに、今回、山と民俗のシリーズの刊行が始まったが、続刊分もより面白く楽しいものとなるようにとの編集方針なので、今後も一層のご期待とご支援をいただければ編者としては望外の喜びである。

なお、本書にみられるように、山村民俗の会は趣味を生かした気ままな集いだから、どなたでも自由に入会できる。ぜひとも同好の諸兄姉多数の仲間入りをお待ちしている。

一九八九年四月

山村民俗の会

（文責・神山　弘）

＊本書は、山村民俗の会編〈シリーズ山と民俗〉の第6巻『山の怪奇・百物語』（一九八九年五月刊）を底本とした、河出書房新社版（二〇一七年五月刊）の新装版です。執筆者のうち、末広昌雄、神山弘、大塚安子、横山篤美、浅野明、以上五氏の方々とご連絡先がとれませんでした。ご遺族を含め、ご連絡先にお心当たりのある方は、編集部までご一報いただけますと幸いです。また、文中の地名などについては当時のママとしました。

山村民俗の会

山登りの愛好家が、柳田国男に啓発され、民俗研究家の岩科小一郎を代表に1938年に創立。戦前から現在に至る、全国に会員をもつ在野唯一の民俗研究会。会報『あしなか』を中心に独自な活動を続け、現在318輯まで刊行。

山の怪奇 百物語
〈新装版〉

二〇一七年 五 月三〇日 初版発行
二〇二四年 一 月二〇日 新装版初版印刷
二〇二四年 一 月三〇日 新装版初版発行
編 者――山村民俗の会
発行者――小野寺優
発行所――株式会社河出書房新社
〒一五一-〇〇五一
東京都渋谷区千駄ヶ谷二-三二-二
電 話――〇三-三四〇四-一二〇一〔営業〕
〇三-三四〇四-八六一一〔編集〕
https://www.kawade.co.jp/
組 版――株式会社ステラ
印 刷――三松堂株式会社
製 本――三松堂株式会社
落丁本・乱丁本はお取り替えいたします。

ISBN978-4-309-22911-9
Printed in Japan